ISBN 3 920345 64 9

Alle Rechte vorbehalten · 5. Auflage
© 1976 by Verlag der Francke-Buchhandlung GmbH
3550 Marburg an der Lahn
Umschlagentwurf: Egon Schwartz
Gesamtherstellung: St.-Johannis-Druckerei C. Schweickhardt
7630 Lahr-Dinglingen
Printed in Germany 17502/1980

Arno Pagel

Ludwig Hofacker

Gottes Kraft
in einem Schwachen

Verlag der
Francke-Buchhandlung GmbH
Marburg an der Lahn

INHALTSVERZEICHNIS

Von den Eltern und der Kinderzeit

Das schöne, gesegnete Schwabenland! Dort hat es immer viele Leute gegeben, die den Herrn Jesus Christus liebhatten. Wo waren und sind die „Stundenleute", die „Stillen im Lande", die „Pietisten" so zahlreich wie in den mancherlei württembergischen Gemeinschaften? Wo gab und gibt es unter schlichten, gottinnigen Bauern, Handwerkern, Weingärtnern so gründliche Schriftforscher und originelle Köpfe? Wurzelechte, selbständige Christen= leute im Prälatenrock und im Bauernkittel sind kennzeich= nend für das württembergische Kirchentum und Gemein= schaftsleben. Manchmal hat der Hang zum Wunderlichen, zu allerlei Tiefsinn und Spekulation nicht gefehlt.

Auch dem Schwabenland sind die dürren Zeiten des Rationalismus, der Aufklärung, des Vernunftglaubens nicht erspart geblieben. Aber sie haben sich nicht so ver= heerend auswirken können wie anderswo. Das Evan= gelium ist in vielen Herzen eine Macht geblieben. Als dann die Stimme des Erweckungspredigers Ludwig *Hofacker* wie eine helle Posaune durch die Lande drang, da war es ganz zu Ende mit der Herrschaft des seichten Vernunft= und Tugendgeschwätzes auf den Kanzeln, da triumphierte biblisches Christuszeugnis, biblischer Glaube. Der schwäbische Pietismus hat wohl Männer hervor= gebracht, die mehr Tiefe und Reichtum der Schrifterkennt= nis besaßen, aber in der Kraft und dem Feuer des wer= benden Zeugnisses für Jesus ist niemand Hofacker gleich= gekommen. Kurz und leidvoll war sein Erdenweg, auf wenige Jahre beschränkte sich die Zeit seines Wirkens. Aber die kurze Spanne war voll leuchtender Segens= spuren, und sie sind bis heute nicht erloschen.

Ludwig Hofacker stammt aus einem schwäbischen Pfarrhaus. In Wildbad, einem durch seine warmen Heil= quellen berühmten Städtchen des württembergischen Schwarzwaldes, wurde er am 15. April 1798 geboren. Er brauchte in seinem Elternhaus nicht die dünne Luft der

Vernunftfrömmigkeit einzuatmen. Sein Vater glaubte an das biblische Evangelium. Aber es war nicht das Christentum einer kindlichen Jesusliebe, sondern einer höchst streitbaren und rechthaberischen Rechtgläubigkeit. Wie konnte der Vater seinen Spott ausgießen über die seichte Rührseligkeit der „Stunden der Andacht", eines aufklärerischen Erbauungsbuches jener Zeit! Aber genauso konnte er gegen die Pietisten wettern.

Er hatte eben kein persönliches Herzensverhältnis zum Heiland. Darum erregten *die* Leute seinen Zorn, die dankbar und froh bekannten, daß sie den Heiland gefunden hätten, und die bei der Meinung verharrten, daß die Bejahung der biblischen Glaubenssätze eine durchaus achtbare Sache sei, daß man aber mehr, nämlich einen lebendigen Christus haben könne und müsse, der das Herz durchdringt und das Leben gestaltet. Was Vater Hofacker auch aufregte, war die innige Verbundenheit der Pietisten untereinander: „Die Pietisten kann ich nicht leiden; wo sie einander sehen, laufen sie sogleich zusammen wie die Hündlein auf der Gasse!"

Die Kirchenleitung hatte Vertrauen zu ihrem Pfarrer Hofacker. Sie berief ihn, nachdem er einige andere Stationen durchlaufen hatte, zum Stadtpfarrer an der Leonhardskirche in Stuttgart und zugleich zum Dekan des Stuttgarter Amtsbezirks. Schon die ganze äußere Erscheinung des Dekans Hofacker war imponierend und erheischte Ehrfurcht. Er überragte alles Volk um eines Hauptes Länge. Wehe, wer sich seiner Autorität widersetzte! Bei den Lehrern, die damals noch der geistlichen Schulaufsicht unterstanden, witterte er immer Aufruhrgelüste. Einmal machten ihm zwei blutjunge und überaus schüchterne Anfänger im Lehrfach untertänigst ihre Aufwartung. Am Schluß fragten sie, vielmehr hauchten sie ängstlich: „Haben Euer Hochwürden noch etwas zu befehlen?" Da wurden sie angedonnert: „Nichts weiter als Unterordnung!" Lautlos wie zwei Schatten huschten die jungen Männer davon.

Dekan Hofacker war ein typischer Mann des *Gesetzes.* Er war das nicht nur draußen in Amt und Würden, auch daheim in seiner Familie. Sieben Söhne wurden ihm geboren, einige davon starben früh. Die ihm blieben, erlebten in der Erziehung wenig von der Milde des Evangeliums, sie wurden von der Strenge des Gesetzes im Zaum gehalten. Die kräftige Hand des Vaters betätigte sich wacker. Daß er seine Kinder auch liebhatte, merkte man gelegentlich; aber er hielt es pädagogisch für klüger, das im allgemeinen zu verbergen. Zärtlichkeiten teilte er kaum aus. Beim Ludwig, der ein gutmütiger Bub war, machte er noch am ehesten eine Ausnahme. Der war ein wenig des Vaters Liebling und wurde gern mit der huldreichen Anrede „Gutes Männlein" bedacht. Auf schwäbisch hieß das: „Guts Mändle."

In seinem 65. Lebensjahr geschah am Vater noch ein Wunder der Gnade. Da war Ludwig als Stadtvikar sein Gehilfe im Amt geworden. Den kräftigen Mann hatten einige Schlaganfälle hinfällig und hilflos gemacht, andere Leiden kamen dazu. Von seiner einstigen robusten Gesundheit blieb nichts übrig. Da wurde der Starke ein Raub des Heilandes. Er wurde wie ein *Kind,* das nichts Eigenes mehr hatte, sondern sich an den Herrn Jesus klammerte und sich der Vergebung in seinem Blut getrösten lernte. Als die Umwandlung beim Vater einsetzte, war Ludwig längst bekehrt und machte kein Hehl daraus, daß er sich zu den Pietisten zählte. Nun wurde aber auch der Vater noch ihr Freund, nachdem er sie lange genug geschmäht hatte.

Er sah ein, daß er wohl ein rechtgläubiges theologisches System gehabt hatte, aber keinen lebendigen Herrn. In seinem System war Christus eine ferne, ehrwürdige Erscheinung gewesen. Jetzt aber begann der Dekan zu staunen, wie *nahe,* wie selig nahe Jesus den Leuten kommt, die ihr Herz einfältig ihm öffnen.

Einem Besucher sagte er es klipp und klar: „Meine theologischen Systeme sind mir alle zu Boden gestürzt

und zu nichts geworden... Ich muß leider von mir be=
kennen, daß ich meine Systeme ein Leben lang geliebt
habe; den aber, der sein Leben für mich gelassen hat,
habe ich nicht wahrhaftig geliebt." Und was ist das für
ein gutes Bekenntnis und ein herrlicher Rat, die ein
junger Theologe zu hören bekam: „Sehen Sie mich an
und prägen Sie sich an mir ein, was am Ende allein die
Probe besteht! Man muß kindlich am Heiland hängen;
aber das kann man nur, wenn man nicht mehr so elend
groß von sich selber denkt. Wäre ich in meinem Leben ein=
fältiger, kindlicher gewesen, ich hätte mehr vom Hei=
land gehabt. Geben Sie sich früher als ich dem Hei=
land ganz kindlich zu eigen, Ihr Leben und Dienst wird
gesegnet sein!"

Wie gern hatte sich der Herr Dekan früher mit „Hoch=
würden" anreden lassen! Als nun aber ein Lehrer ans
Krankenbett kommt und sich erkundigt, wie es „Hoch=
würden" gehe, da weist Vater Hofacker ihn liebevoll
zurecht: „Ach was Hochwürden! Nichtswürden, so nennen
Sie mich! Ich bin ja bloß ein armer Sünder, der tief unten
liegt und durch die Gnade seines Heilandes frei und
selig ist."

Das war also Ludwig Hofackers Vater. Und die Mutter?
Sie stammte auch aus einem Pfarrhaus. Sie hatte von
Natur aus mehr Gemüt als ihr Mann, liebte aber, es zu
verbergen. Sie war eine kluge, praktisch veranlagte Frau,
der kräftiges Zupacken lag. Ein Freund des Hauses ver=
glich sie scherzhaft mit der Mutter der Makkabäer aus der
jüdischen Geschichte, die geradeso wie sie sieben Söhne
geboren hat und eine Frau von männlicher Art gewesen
ist. So herb die Mutter sein konnte, das Gemüt brach bei
ihr doch immer wieder durch, und dann war vor aller
Welt sichtbar, welch eine Liebe und Zartheit in dieser
Frau lebte.

Frommes Getue und Rührseligkeit haßte sie. Sie liebte
nicht geschwollene, sondern klare und kernige Rede und
Schreibe. Der später als Liederdichter bekannt gewordene

Albert *Knapp*, einer der nächsten Freunde Ludwig Hofackers, lernte sie als unerbittliche Kritikerin kennen, als er ihr im Jahre 1822 seine ersten Missionslieder zur Begutachtung vorlegte. Da hieß es: „Wie da? Geben Sie Ihre Sächlein her! Wie? Das ist nichts! Fort damit! — Auch nichts! Konfekt, Konditorarbeit, Lumpenzeug!" Unbarm= herzig ging Mutter Hofacker die Reime durch und zer= pflückte sie. Einiges fand Gnade vor ihren Augen, dann lobte und ermutigte sie: „So, das geht, das ist einfach und biblisch! So müssen Sie dichten!" Dann ging es weiter: „Wieder nichts! Närrischer Vikar, was machen Sie da für wässeriges Zeug! — Aha, hier die Strophe ist wieder ordentlich!" Knapp bezeugt von dieser drastischen Art der Kritik, daß sie ihm sehr gut und hilfreich ge= wesen sei.

Mutter Hofacker stand klar im Glauben. Aber sie blieb nicht ohne Anfechtung. Es war auch unendlich viel Schweres, das sie tragen mußte. Drei ihrer Söhne starben früh. Der Gatte wurde ihr von der Seite gerissen. Den hoffnungsvollen Max, der so fein im Glauben anfing, sah sie immer mehr in Überspanntheit hineingeraten und dann in die Nacht der Geisteskrankheit sinken. Ludwig welkte früh dahin und bedurfte ständig der Pflege der Mutter. Ist es da zu verwundern, daß ihr Glaube manch= mal nur noch dem glimmenden Docht glich? Aber sie hat sich immer wieder durchgeglaubt und durchgebetet. Ihre Zuversicht war der Mann der Himmelfahrt, der über alles regiert, der auch Leid und Mühsal der Seinen in seinen erhöhten, aber immer noch durchgrabenen Händen hält.

Mutter Hofacker ist gereift in den schweren Schulen, die Gott für sie hatte. Das zeigen die folgenden Sätze aus einem Gebet, das sie am Begräbnistag ihres Mannes nieder= schrieb: „Du hast mir mein erstes und höchstes Kleinod, das mir deine Huld anvertraute, nun wieder abgefordert. Ach vergib mir, wenn ich's vergaß, daß es dein ist, und es wohl gar mit meinen Sünden beschmutzte! Deine Treue hat meine Untreue verschlungen. Du hast nicht ab=

gelassen, zu schmelzen und zu reinigen, bis dein Bild wieder glänzte und du es rein, in dir geheiligt durch dich, aus meinen unreinen Händen empfangen konntest. Laß mir das Andenken an diese deine Schmelztage nie aus der Seele schwinden, damit ich meine Seligkeit mit Furcht und Zittern schaffe und, was ich noch lebe im Fleisch, bloß im Glauben an dich, den Sohn Gottes, lebe, der uns geliebt und sich für unsere Sünden in den Tod gesenkt hat ...

Ach Herr! Ich fühle, daß ich Staub und Asche bin, ich fühle es an diesem Tage, wo mein teuerstes Saatkorn der Erde übergeben wird, lebhafter. Laß uns, o Herr, nie vergessen, daß wir Staub und Asche sind! Stärke uns an diesem Tage durch dein Nahesein, du Todesüberwinder, und gib uns einen recht lebendigen Eindruck von dem seligen Wechsel unsers teuren Gatten und Vaters! Laß diese Aussaat einen bleibenden Segen unter uns stiften und den seligen Geist des Vaters unter uns bleiben im Frieden untereinander! Auf dich, dreieiniger Gott, werfen wir unsere ganze Lebenslast. Vollende uns nur unter ihr! ... Segne allen, die uns geliebt haben und noch lieben, ihre Liebe mit einem ewigen Segen, besonders auch ihre Liebe und Treue an unserm teuren Entschlafenen! Amen. Amen."

Nun kennen wir auch Ludwig Hofackers Mutter. Sie wird uns auf dem Lebensgang ihres Sohnes noch öfter begegnen. Es war ein echt schwäbisches Haus, in dem diese Mutter waltete und dieser starke Vater regierte, den so spät, aber so sieghaft die Gnade fand. Es ging gerade und derb zu, wie es Sitte im schwäbischen Stamm ist. Geradheit und Derbheit gehören auch zu Ludwig Hofackers Charakteranlagen. Er spricht in seinen Predigten manchmal eine recht ungeschminkte Sprache. Aber natürliche Art und menschliches Erbe sind bei ihm geheiligt und unter die Zucht des Geistes genommen, so werden sie recht brauchbar im Dienst für Gott und sein Reich.

Über Ludwig Hofackers Kindheit ist im einzelnen nicht viel zu sagen. In die Anfangsgründe des Wissens hat

ihn wie auch seine Brüder der Vater selbst eingeführt.
Der hatte aber gar kein Geschick zum Lehren. Es wurde —
wie es allgemein in dem höchst trockenen Schul- und Lern-
system der damaligen Zeit gehandhabt wurde — haupt-
sächlich in geistloser Weise Latein und Algebra gepaukt,
wobei es mit dem Latein bei unserm Ludwig einigermaßen
klappte; in der Mathematik war er aber keine Leuchte.

Was sollte der Ludwig denn für einen Beruf ergreifen?
Der Vater hielt die Beamtenlaufbahn für das beste. Doch
an Ludwigs Konfirmationstag gab er diesen Gedanken
auf. Da fragte er seinen Buben, ob er denn auch wirklich
zur Schreiberei Neigung verspüre, oder ob es ihn am
Ende doch mehr zur Theologie ziehe. Ludwig hat das
letztere bejaht. Aber der Vater hat den Kopf geschüttelt
und gemeint, er sei im Lernen doch wohl zu weit zurück.
Der Junge hat versprochen, sich tüchtig anzustrengen und
alles Fehlende bald nachzuholen. Da ist der Vater dann
zufrieden gewesen und hat erklärt: Gut, Ludwig, du
wirst Pfarrer!

Der Ludwig wußte auch schon, was für ein Pfarrer
er werden wollte. Man hörte ihn einmal in kindlicher
Harmlosigkeit sagen: „Wenn ich einmal predige, so will
ich anders predigen als mein Vater. Ich will den Leuten
den Heiland recht weiß und den Teufel recht schwarz
machen."

Bruder Lustig

Jetzt ging das Lernen los! Der Rektor *Reuss* in Eßlingen,
in dessen Schule und Haus der Ludwig gegeben wurde,
war am Anfang ziemlich mißtrauisch, ob sein Zögling die
bedenklichen Lücken im Wissensstoff je schließen könne.
Aber bald geriet er in frohes Staunen; denn der Bub ent=
wickelte einen prachtvollen Eifer, holte das Versäumte
nach und fing an, mit seinen Mitschülern Schritt zu halten.
Den Stoff von vier Jahren eignete er sich in 18 Monaten
an. Kein Wunder, daß Ludwig seinem Lehrer ans Herz

wuchs und dieser noch in späteren Jahren rühmend von seinem Fleiß und seiner dankbaren Anhänglichkeit sprach!

Der nächste Abschnitt war für Ludwig Hofacker der einjährige Aufenthalt im Seminar *Schöntal*. Seine Klassengenossen waren eine wilde und übermütige Schar. Er selber stand ihnen nichts nach, im Gegenteil, er wurde eine Art Anführer. Wenn er richtig in Fahrt kam, dann sprudelten Witz und Ausgelassenheit nur so aus ihm. Alle konnte er mitreißen. Es war nicht eigentlich Böses und Gemeines, das die Jungen ausheckten, aber man konnte bei dem Treiben doch Schaden an der Seele nehmen. Unter den jungen Leuten war nur ein einziger, der bewußt mit Jesus ging. Der beobachtete den wilden Hofacker und sagte: „In *dem* steckt ein edler Kern. Wenn der sich einmal bekehrt, der stellt mich und viele in den Schatten!"

Bildschön war Ludwig Hofacker damals. Kraftvoll und der Zeder gleich war die ganze Gestalt, das Gesicht und die Stirn rein und schön. Reiches kastanienbraunes Gelock fiel bis in den Nacken hinunter. Dazu kamen die Anlagen des Gemüts, der Sinn für Humor, das hinreißende Temperament. So nimmt es nicht wunder, daß Ludwig auch in der berühmten *Maulbronner* Klosterschule, in die die Schöntaler Seminaristen nach Jahresfrist übersiedelten, seine Führerrolle behauptete und ausbaute. Abendliche Belustigung der Schüler war der Kegelsport. Darin stach Ludwig alle aus. Meist purzelten gleich beim ersten Wurf alle neun durcheinander.

Sehr erbaut wird der Dekan Hofacker nicht gewesen sein, als er einen der Lehrer über seinen Jungen wenig hoffnungsvoll urteilen hörte: „Der ist zu allem fähig!" Wer wollte dem Lehrer dieses pessimistische Urteil verargen? Was von Ludwig Hofacker zutage lag, war eben sein hemmungsloser Leichtsinn. Aber es gab noch einen andern Hofacker, den kannte bloß niemand. In *dem* lebte eine heimliche Sehnsucht nach der Wahrheit, nach einem andern, besseren Leben. *Der* sagte zu sich: Wie ich's jetzt treibe, verderbe ich das Beste an mir. Nur eine gründliche Wandlung kann mir helfen.

Die Zeit in Maulbronn war 1816 herum. Die nächste Station hieß *Tübingen*. Dort sollte das eigentliche Studium der Theologie beginnen. Es war kurz vor der Übersiedlung. Hofacker ging mit seinem Freund und Altersgenossen Albert *Knapp* im Gang des Maulbronner Seminars fröhlich auf und ab. Die beiden deklamierten allerlei heitere Herzensergüsse. Auf einmal faßt Hofacker den Freund am Arm und sagt ernst:

„Wenn wir beide so weitermachen, wird im Leben nichts Ordentliches aus uns. Wir kommen nicht dran vorbei, wir müssen uns bekehren! Komm, bekehre dich!" Knapp pariert den unerwarteten Überfall: „Ja, fang du nur mit der Bekehrung an, du wirst es wohl brauchen können!" Heftiger umfaßt Ludwig den Kameraden: „Nein, wir beide müssen es tun!" Schon ist die schönste Rauferei im Gange. Die beiden jungen Männer rollen im Ringkampf über den Boden und wollen einander zur Bekehrung zwingen. Als sie sich ausgetobt haben und sich friedlich erheben, stellt Hofacker schelmisch-ernst fest: „Nun sind wir zwar gefallen, aber noch lange nicht bekehrt!"

In Tübingen geht es mit Ludwig Hofacker zunächst mächtig bergab. Er tritt einer Studentenverbindung bei, die zwar den schönen Namen Solidia trägt, deren Mitglieder aber ein sehr *unsolides* Leben führen. Bei den Zusammenkünften wird viel Bier getrunken. Hofacker tut wacker mit. Das Studium wird nicht sonderlich ernst genommen. Später hat sich Hofacker dieser Zeit bitterlich geschämt und gemeint, die Ausschweifungen der Tübinger Jahre seien mit schuld daran, daß sein Körper ruiniert wurde und gegen Krankheiten nicht mehr widerstandsfähig war.

Ob er sich damit nicht etwas zu hart verklagt? Denn so unbedenklich er im studentischen Saus und Braus mitmachte, vor dem direkt Gemeinen hat er sich auch in

Tübingen gehütet. Sein Wesen behielt die harmlose, freundliche Gutmütigkeit, die ihm schon früher die Herzen zufliegen ließ. Böse wurde er allerdings auch mal. Daran waren die „Pietisten" schuld. Im altberühmten Tübinger Stift, in dem er wohnte, befand sich gerade unter seinem Zimmer der Bibliotheksraum. Dort kamen erweckte Studenten zu Gebetsstunden zusammen. Hofacker hörte deutlich ihr Singen bei stiller Nacht.

Da brauste er auf: „Da beten sie wieder, die dummen Pietisten!" Aber er mußte auch zugeben: „Und dennoch, die Burschen haben etwas, was du nicht hast — Frieden!"

Nein, Frieden hatte Hofacker nicht. Für seine Kameraden war er der Bruder Lustig. Aber oft empfand er einen Ekel vor dem ganzen oberflächlichen Treiben, in dem er mitschwamm; da merkte er, wie arm und jämmerlich alles war. Dem Zusammensein mit den Kumpanen in feuchtfröhlicher Runde konnte er immer weniger Geschmack abgewinnen. Das Gewissen bohrte in ihm gerade in solchen Stunden. Bis in die Träume hinein hatte er keine Ruhe mehr. Das konnte einfach so nicht weitergehen!

„Der Hofacker ist ein Pietist geworden!"

Es ging auch nicht mehr lange so weiter. Im Herbst 1818 bahnte sich die Wandlung an. Es war das die Zeit, in der Hofacker mit dem eigentlichen Theologiestudium beginnen sollte. Bisher hatte es bloß ein bißchen philosophisches Geplänkel gegeben.

Menschen waren nicht unmittelbar an Hofackers Lebenswende beteiligt. Es ging bei ihm ähnlich zu wie beim Apostel Paulus, dem auch nicht ein Mensch den Weg wies, dem der lebendige Herr selber entgegentrat. Dem jungen Studenten wurde das ganze bisherige Fundament seines Lebens gründlich zertrümmert. Er kam in eine tiefe Buße und Betrübnis hinein über die verlorenen Jahre, die vertane Kraft, die falschen Wege.

In jenem Herbst 1818 kehrte unser Studiosus in den Semesterferien nach Stuttgart heim. Da konnten die Hausgenossen bald merken, daß sich ein Neues bei ihm anbahnte. Es war keine Rede mehr davon, daß Ludwig seine Tage mit lustigen Studiengenossen in den Bier= häusern verbrachte. Auch ins Haus lud er niemanden ein. Am liebsten war er allein. Einmal sagte er zum Vater:

„Ich stehe jetzt am Wendepunkt meines Lebens. Ent= weder sinke ich nun vollends in den Unglauben und ins Verderben zurück — oder ich werde ein anderer, ein neuer Mensch. Auf dem bisherigen Wege kann es nicht mehr fortgehen." Der Vater nahm dieses Bekenntnis seines Jungen gerührt auf. Recht verstehen konnte er ihn aber nicht, war ihm doch selber das Geheimnis des neuen Lebens aus Gott zu diesem Zeitpunkt noch nicht auf= gegangen.

In dieser entscheidenden Umbruchzeit tat der jüngere Bruder Max Ludwig Hofacker hilfreiche Dienste. Er war, ehe die Nacht der Geisteskrankheit ihn verwirrte, einfältig und kindlich gläubig. Er hing am göttlichen Wort der Bibel und riet seinem Bruder dringlich, er solle der Schrift mehr trauen als der fragwürdigen Weisheit menschlicher Bücher und Philosophien. Im Gebet empfange man von Gott mehr Erleuchtung als durch alles Studieren.

Das Wintersemester 1818/19 brach an. Ludwig Hof= acker erschien wieder in Tübingen, aber als einer, *in dessen Leben die Entscheidung für Christus gefallen war*. Vom Weg des Leichtsinns und des Welttreibens trat er entschlossen ab. Es gab allerhand Aufregung und Kopf= schütteln, als es ruchbar wurde: *„Der Hofacker ist ein Pietist geworden!"* Die Kumpanen erzählten es sich er= staunt und erschrocken. Sie wollten es erst nicht glauben. Sie hofften, daß es Gerede und Übertreibung wäre. Der Bruder Lustig konnte doch nicht bei den Frömmlern, den Kopfhängern, gelandet sein! Der konnte doch nicht im Ernst daran denken, den studentischen Frohsinn mit der pietistischen Engigkeit und Muffigkeit zu vertauschen!

Aber die Freunde merkten bald: wir haben es mit einem völlig gewandelten Hofacker zu tun. Den kriegen wir nicht mehr auf den Weg zurück, auf dem er jahre= lang mit uns gewandelt ist. Albert *Knapp*, seit Jahren schon Hofackers Busenfreund, aber genau wie die anderen dem Leben aus Gott noch fern, mußte feststellen: „Hofacker hatte den Sprung wahrhaftig gemacht, und ein alter Israelit kann sein Gewand nicht energischer von oben bis unten zerrissen haben, als Hofacker sein bis= heriges Leben zusammenriß, um auf dessen Trümmern ein neues zu bauen."

Hofacker behielt die Gesellen des früheren Treibens durchaus lieb. Er trug ihnen gegenüber kein pharisäisch aufgeblasenes Wesen zur Schau, aber für ihr Zureden war und blieb er taub. Einer versuchte ihm brieflich nach= zuweisen, daß die Pietisten doch nicht der rechte Umgang für ihn seien. Er fragte ihn: „Willst du nun ein Passiver, ein Sklave der Zeit werden?" Er erhielt zur Antwort: wer den Heiland nicht habe, der schwätze nur von der Freiheit, besitze aber keine. Nur der Sohn Gottes mache wahrhaft frei, sonst bleibe man in den Ketten der Sünde.

Eine ganze Reihe von Kameraden verlor Ludwig Hofacker nach seiner Bekehrung. Er gewann Schöneres, er fand *Brüder.* In dem Gebets= und Bibelkreis erweckter Studenten, über den er früher seinen Zorn ergossen hatte, wurde er nun heimisch. Da lernte er den Segen der Ge= meinschaft kennen und schätzen. Wenn sich Brüder über der aufgeschlagenen Bibel zusammensetzen und miteinan= der die Hände falten, dann ist der Herr nahe und der Friede in den Herzen. Das erlebte Hofacker beglückt. Er ging auch in die Gemeinschaftskreise der Stadt Tübingen. Mit den frommen Weingärtnern, Schneidern und Schuh= machern dort war er bald gut Freund.

Diese hielten aber auch zu ihm. Die Theologiestudenten mußten je und dann im Stift kurze Predigten halten. Wenn Hofacker dran war, dann waren die Stundenleute alle zur Stelle. Sie wollten ihren jungen Bruder durch ihr

Dabeisein und ihr Gebet stärken und sich an dem guten und lebendigen Zeugnis freuen, das er für seinen Herrn hatte. Einmal war wieder solch ein Predigtnachmittag, bei dem immer mehrere Studenten hintereinander auf= traten. 200 kritiklustige junge Theologen saßen kampf= bereit. Albert Knapp wollte mit einem geistlosen Angriff gegen die Kreuzestheologie und ihre schlichten Gläubigen sich Lorbeeren verdienen. Er behauptete wegwerfend, daß bloß die Trägen und geistig Rückständigen sich fortwäh= rend auf das Kreuz beriefen. Sie täten das nur, weil ihnen zum hohen Flug des Geistes der Schwung fehle, weil ihre dumpfen Gemüter von Fortschritt und Aufklärung keine Ahnung hätten.

Solche Beleidigung seines Heilandes konnte Ludwig Hofacker nicht schweigend hinnehmen. Gleich nach Knapp trat er auf. Er nahm denselben Text. Während Knapp aber daraus eine Verwerfung der Kreuzespredigt konstru= iert hatte, machte Hofacker aus ihm einen herrlichen Lob= gesang des Heilandes und seiner Erlösung. Davor ver= stummte Knapp mit seiner hochmütigen Aufgeklärtheit völlig. Er empfand schmerzhaft deutlich, wie weit ihm sein Freund Ludwig voraus war und seufzte sehnsüchtig: „Du Glücklicher, könnte ich glauben, was du glaubst!"

Ob einer bekehrt ist, erkennt man auch daran, daß Freude da ist, den Herrn Jesus zu bekennen. Wie gern legte Hofacker von dem Mann am Kreuz, der sein Hei= land geworden war, Zeugnis ab! Er reiste einmal in der Postkutsche mit einem Theologiestudenten, der, während er mit seiner ellenlangen Tabakspfeife die Luft verpestete, einen aufgeklärten Einwand nach dem andern gegen das Evangelium vortrug. Hofacker ließ sich nicht auf das Glatteis allerlei unfruchtbarer Diskussionen locken, er be= zeugte vielmehr schlicht die Seligkeit, die das Kreuz Jesu für die Sünder umschließt, und die er selber erfahren hatte. Der stolzen und aufgeblasenen Vernunft bleibt sie aber verschlossen. Man müsse sich in Demut und Herzens= einfalt dem Kreuz nahen, dann erfahre man es als rettende

Gotteskraft. Der Mitreisende tat das alles als schwärmerisches Gerede ab.

Da riß dann Hofacker doch endlich der Geduldsfaden. Er wurde recht deutlich: „Ich merke aus Ihren Einwänden, verehrter Herr, daß Sie weder sich selbst noch den lebendigen Gott kennen." — „Somit bin ich also", witzelte der flotte Student, „in Ihren Augen ein Ketzer, den Sie am liebsten zum Postwagen hinausbefördern würden?" Hofacker beruhigte ihn: „Wegen mir können Sie da noch lange friedlich und unangefochten sitzen. Aber ich fürchte, Sie werden einst in der Ewigkeit hinausgeworfen, und das ist fataler!" Solche Worte verschlugen dem guten Studenten die Sprache. Er nebelte sich noch mehr in seine Tabaksschwaden ein und schwieg fortan.

An Klippen vorbei

Schnell und schön ist Ludwig Hofacker in der Nachfolge seines Herrn gereift. Aber es darf nicht verschwiegen werden, daß er am Beginn des neuen Weges auch von Gefahren umgeben war. Bald waren ihm die Brüder zur Seite, die mithalfen, ihn vor Schwärmereien und Verstiegenheiten zu bewahren und in das rechte Geleise biblischen Glaubens zu bringen. Aber einige Zeit stand er viel allein.

Er geriet über die tiefsinnigen Schriften des schlesischen Philosophen Jakob *Böhme*. Das war für einen Anfänger auf dem Glaubensweg eine etwas fragwürdige Kost. Böhme pflegt eine Naturmystik, die in jedem Stück und Wesen der Schöpfung geheimnisvoll das Göttliche aufleuchten sieht und überall Entsprechungen zu himmlischen Dingen entdeckt. Von solchen Spekulationen Böhmes hat sich Hofacker verhältnismäßig leicht und schnell abgewandt; gefährlicher wurde ihm, daß Böhmes Theologie kein klares Verständnis der Rechtfertigung hat, daß sie aus Wiedergeburt und Heiligung rein naturhafte

16

Veränderungen macht, denen gegenüber der im Glauben empfangene Zuspruch der Vergebung Gottes, an dem Luther alles lag, an Bedeutung verliert. Es ist ein großer Ernst in Böhmes Heiligungsauffassung, der Hofacker mächtig anzog; aber es ist auch viel falsche Enge und Strenge dabei.

Hofacker legte sich eine Zeitlang strenge Enthaltsam=keit auf, versagte seinem Leibe auch Nötiges und kasteite ihn, so daß aus dieser Zeit des gesetzlichen Irrweges wohl dauernde Schädigungen seiner Gesundheit herrührten. Er bekannte später beschämt: „Erst wurde ich vom Teufel geplagt, dann von Mose."

Auf dem Weg der gesetzlichen Selbstheiligung gibt es keinen Frieden. Denn wann kann sich einer beruhigend einreden, er habe genug getan? Hofacker wollte betend und Askese übend die Gemeinschaft mit Gott erzwingen und erstürmen, er wollte diese Gemeinschaft schmecken und spüren. Er kämpfte und mühte sich elend ab. Aber die Gewißheit der Gnade blieb ihm versagt. Diese steht ja nicht auf Menschenwerk und Menschengefühl, sondern auf dem Glauben, der das Eigene hingibt und das Ver=dienst Christi umklammert.

Allmählich trat Hofacker aus dem gefährlichen Bann=kreis Böhmes heraus. Dabei taten ihm die Brüder, wie schon erwähnt, wichtige Dienste. Sie wiesen ihn auf die Schrift hin und sagten, daß diese doch glaubwürdiger sei als Böhmes tiefsinnige Gedanken, in die menschliches Spekulieren und Irren eingeflossen sei. Der Trost der pau=linisch-lutherischen Rechtfertigungslehre begann ihm auf=zugehen, sein Glaube befreite sich von Werk und Gefühl und stützte sich keck aufs Wort, auf die Verheißung Gottes. Aber es dauerte noch einige Zeit, bis er schreiben konnte:

„Ich fing an, weil ich von dem Gesetz und den toten Werken entsetzlich geplagt wurde, mich oft in die durchgrabenen Hände des Herrn zu empfehlen, indem ich ja keine andere Zuflucht hätte, und ich wurde dabei oft ganz ruhig, ja vergnügt. Doch konnte oder wollte ich immer noch nicht glauben, bis mich ein guter Freund versicherte, man dürfe zugreifen; denn das Evangelium sei deswegen da. Ich erhob mich nun aus meiner Passivität, trug die Sache dem Heiland vor und sagte ihm: *ich wolle ihm hinfort auf sein Wort und Evangelium hin glauben.*

Auf diesem Glauben bin ich bisher geblieben und habe zwar noch keine *besondere* Offenbarung des Herrn erfahren, aber doch habe ich Ruhe, und wenn mein Fleisch oder Satan mir meine Sache bestreiten will, *so sehe ich nur auf mein Neues Testament und auf Golgatha hin als auf die ewige Versicherung meines Gnadenstandes — dann kann ich wieder glauben.* Denn am Glauben liegt's; vorher gibt's keine Ruhe, und *kann man nicht mit Gefühl glauben, so muß man's ohne Gefühl tun.*"

Das ist die befreiende Erfahrung, daß es nicht an jemandes Wollen oder Laufen liegt, sondern an Gottes Erbarmen, daß nicht dem verkrampften Eigenbemühen, sondern der Einfalt des Glaubens sich die Schatzkammern Gottes voll Heil, Frieden und Gewißheit öffnen. In diese echt neutestamentliche Erkenntnis, aus der Luther und die Reformation ihren ganzen Trost im Leben und im Sterben geschöpft haben, wuchs Ludwig Hofacker immer mehr hinein. Man muß nicht erst besser werden, ehe man für Gott tauglich wird; Gott füllt die Hände der Bettler. Aus seinem eigenen schweren Ringen heraus, das allmählich zur Ruhe kam im Glauben, der schlicht die Verheißungen faßt, konnte Hofacker der Seelsorger werden, der für die Angefochtenen so gute und helfende Worte hatte.

Hofacker hat nun aber das Kind nie mit dem Bade ausgeschüttet. Wenn er auch dem Gefühl gegenüber sehr mißtrauisch wurde und auf keinen Fall seine Gewißheit darauf stellte, so hat er doch gewußt und erfahren, daß von Gottes Handeln auch das Gefühl nicht ausgeschlossen ist. Dankbar hat er ein Erlebnis wie dieses hingenommen:

In einer entlegenen Kammer des Tübinger Stiftes lag er oft auf den Knien und bat den Herrn, sich ihm zu offenbaren und ihn aus Kämpfen und Zweifeln zur Ruhe zu bringen. Da war es ihm einmal plötzlich, als wenn der Herr in seiner Majestät aus einem Vorhang vor ihn hinträte. Ein Meer von himmlischer Lebenskraft und Wonne durchströmte ihn, und ein solch heiliger Schauer durch=

drang all sein Gebein, daß er auf sein Angesicht fiel und in überschwenglicher Entzückung vor dem Heiland liegen blieb mit dem Seufzer: *„Nur du! Nur du!"*

Hofacker hatte den lebendigen Heiland gefunden. Um ihn ging es ihm fortan allein, in seinem Glaubensleben, aber auch in seinem theologischen Studium. Das hatte ihm die Philosophie so verleidet, daß da immer mit *Ideen* gearbeitet wurde. Erst recht konnte er zornig werden, wenn auch die Theologie sich in Ideen verflüchtigte, statt sich um die *Person* des gekreuzigten und auferstandenen und nun ewig lebendigen Heilandes demütig und an= betend zu bewegen.

Nein, für ihn war Jesus keine Idee, sondern eine Per= son, deren Wirken er mit ungezählten Gläubigen hand= greiflich erfahren hatte und immer wieder in seinem Leben erfuhr. Von ihm wollte er zeugen, nicht schwätzen. Nein, nur nicht schwätzen! Dann lieber die Theologie mit dem ehrlichen Handwerk eines Holzfällers vertauschen! Rechte Theologie — die mußte auf den Knien studiert wer= den! Albert Knapp hat nach Jahren noch einmal zwei Aufsätze in die Hände bekommen, die der Student Ludwig Hofacker im Tübinger Stift verfaßt hatte. Das war saubere wissenschaftliche Arbeit. Aber in jeder Zeile merkte man: Hier schreibt ein Zeuge Jesu Christi!

Das Leiden hebt an

Große Dinge hatte Gott mit Ludwig Hofacker vor. Er sollte eine helle Posaune für Jesus im Schwabenland wer= den, durch die viele aus dem geistlichen Tod zum wahren Leben erweckt wurden. Aber Gott hat manchmal recht eigenartige Wege, um seine Zeugen auf ihren Beruf vor= zubereiten. Es sind oft geringe und zerbrochene Werk= zeuge, durch die er seine Taten tut. Er gibt gern seine edelsten Schätze in irdene Gefäße. So hat er es auch mit Ludwig Hofacker gemacht. Er hat ihn in die Schule des

Leidens hineingenommen und ihn dort bis an sein frühes Ende Lektionen lernen lassen, die nicht immer leicht zu bewältigen waren, die sich aber in Kraft und Segen für den Dienst umsetzten.

Im September 1820 ging Hofackers Studienzeit in Tübingen zu Ende. Wenige Wochen vorher — am 18. August — schritt er in der mittäglichen Sonnenglut über die Straße. In Gedanken war er beim Heiland und freute sich an seiner Treue. Da stürzte er plötzlich bewußtlos zu Boden und verletzte sich an der scharfen Kante eines Blitzableiters. Mit einer tiefen Kopfwunde wurde er in die Klinik eingeliefert. Kurz bevor das Unglück geschah, hatte noch ein Student hinter Ludwig Hofacker hergesehen und beneidend gesagt: „So gesund wie dieser starke, schöne, blühende Mann möchtest du auch sein!" Er war nun der erste, der dem Gestürzten beisprang und Hilfe leistete.

Was war geschehen? Nicht eigentlich ein Sonnenstich hatte Hofacker getroffen, es handelte sich um ein von der Sonne erregtes und aufgerührtes Nervenfieber. Von dem Tage an war es um die Gesundheit von Ludwig Hofackers Nervensystem geschehen. Im Mark seiner Kraft war und blieb er getroffen, nie wieder erholte er sich ganz. Das Bewußtsein kehrte nach dem Fall zwar bald zurück, aber eine schwere Gehirnerschütterung hielt den Kranken wochenlang auf dem Lager fest. Die Mutter eilte von Stuttgart herbei und pflegte ihren Jungen.

Freunde besuchten Ludwig Hofacker öfter. Auch Albert *Knapp*, der zwei Jahre lang den Umgang mit ihm gemieden hatte, stellte sich ein. Armseligen Trost brachte er mit. Er war ein Künstler und konnte sich an schönen Worten berauschen. Eine Lobrede von Jean *Paul* auf seinen Dichtergenossen *Herder* hatte es ihm zu der Zeit gerade angetan, und er meinte, dies Kunstwerk würde auch den kranken Freund erheitern. Zugleich war dann der Gefahr ein Riegel vorgeschoben, daß Hofacker auf den Gedanken kommen könne, mit dem Besucher „pieti=

stische" Gespräche anzufangen. Denn davon war Albert Knapp noch kein Freund.

Hofacker hört sich das hübsch vorgetragene Gedicht willig an. Dann meint er: „Ja, lieber Knapp, das wäre alles ganz nett, wenn nicht der so gerühmte Herder auch bloß ein armer Sünder gewesen wäre." Knapp findet diese Bemerkung schrecklich prosaisch. Hat der Mann denn gar kein Kunstverständnis? Da schaltet sich Mutter Hofacker ein und bringt Knapp in eine ganz arge Ver= legenheit. Sie schlägt vor: „Sie sehen ja, daß im Augen= blick für meinen Ludwig derartige poetische Ergüsse nichts sind. Lesen Sie ihm doch etwas vor, woran er Gefallen hat! Wie wäre es mit einem Abschnitt aus der Offenbarung des Johannes?"

Was wußte der Theologe Albert Knapp von der Offen= barung? Dunkel erinnerte er sich, daß darin ein großer Drache vorkommt, der ein hilfloses kleines Kind ver= schlingt. Schaurig! Aber was soll er tun? Mutter Hofackers Wunsch ist ihm Befehl. Es tönen die Worte des alten Bibelbuches durchs Krankenzimmer: „Gnade sei mit euch und Friede von dem, der da ist, der da war, und der da kommt, und von den sieben Geistern, die da sind vor seinem Stuhl, und von Jesu Christo, welcher ist der treue Zeuge und Erstgeborene von den Toten und ein Fürst der Könige auf Erden, der uns *geliebt* hat und gewaschen von den Sünden mit seinem Blut!"

Mit Widerwillen hatte Knapp zu lesen begonnen. Dann überwältigten ihn einfach die ihm innerlich noch so fernen und fremden Worte der Bibel, er mußte aufhören zu lesen, er brach in Tränen aus und rannte ohne Gruß davon. Ein Strahl der Liebe Jesu, von der er gelesen hatte, war ihm ins Herz gedrungen, und er ahnte, wie das sein müsse, wenn diese Liebe einen Menschen ganz überwindet und er sich ihr zu eigen gibt.

Am 6. September 1820 war Ludwig Hofacker so weit hergestellt, daß er ins Elternhaus nach Stuttgart heim= kehren konnte. Dort blieb er noch einige Wochen, um seine Gesundheit zu festigen. Das erste Leiden hatte er hinter sich. Jetzt sollte der erste Dienst kommen.

Die ersten Posaunenstöße

Die Kirchenbehörde schickte den frischgebackenen Vikar nach *Stetten* im Remstal. Dort blieb er aber nur bis zum 20. November 1820 und predigte insgesamt viermal. Das reichte aber schon aus, um in der Gemeinde eine Bewegung und freudige Erwartung hervorzurufen. Was den jungen Prediger für Gedanken bewegten, zeigt ein Brief, den er in Stetten an einen vertrauten Freund schrieb:

„Ich bin noch ziemlich angegriffen, was ich jetzt erst fühle, seitdem ich wieder zu arbeiten angefangen habe; doch habe ich, mit Gottes gnädiger Durchhilfe, mein Geschäft bis jetzt versehen können, wofür er gelobt sei. Was soll ich weiter sagen? Ich bin innerlich sehr arm und habe nichts, woran ich mich halten könnte, als die Barmherzigkeit dessen, der mich geliebt und sein Leben für mich in den Tod gegeben hat. Ich habe kein Leiden, als daß ich so arm bin und nicht so arbeiten kann, wie ich gern möchte. Vielleicht ist das letztere deswegen, daß ich mich nicht überhebe; denn ein guter Prediger zu sein und zu werden, steckt leider tief in meinem Herzen. Ein Streben dieser Art kann lauter sein, bei mir aber ist's unlauter. Darum ist mir jetzt ein Riegel vorgeschoben.

Ich weiß, daß es unsere schönen Worte nicht ausmachen, sondern daß des Herrn Geist sein Werk in den erwählten Seelen hat und auch ein armes Wort mit bleibender Frucht segnen kann; aber doch weiß ich dieses nicht ganz, nicht von Herzen, nicht im völligen Glauben. — Wehe mir, wenn ich die Seelen *zu mir* bekehren wollte! Und doch steckt dieses heimlich noch in meinem armen Herzen. Ich fühle tief: *es ist unbegreiflich, wie der Heiland solche verdorbenen, eigensüchtigen Menschen lieben kann.*"

Ja, so war Hofacker vom Anfang seines Christenstandes und seines Wirkens an, und so blieb er bis zum letzten Atemzug: der Mann, der nichts von sich hielt, der sich sehr schämte, daß in seinem Herzen so viel Böses und Stolzes lebte, der aber noch mehr darüber staunte, daß Gott solche Leute wie ihn haben und gebrauchen wollte.

In jenem Brief gibt Hofacker seinem Freunde übrigens noch einen überaus trefflichen Rat, der heute genauso beherzigenswert ist wie damals:

„Laß Dich gegen die Brüder in Christo, welche die Welt kurzweg Pietisten nennt, nicht durch Vorurteile einnehmen! Die Welt dichtet ihnen allerlei schlimmes und tolles Zeug an, aber es ist meistenteils nicht wahr oder aus einem falschen Licht betrachtet und schadenfroh vergrößert. Jeglichen, der ernstlich nach seiner Seligkeit strebt und den Namen Jesu frei vor aller Welt bekennt, achte Du, mag er auch Eigenheiten, ja sogar Abgeschmacktheiten haben, welche er will! Das tut nichts. Wir haben alle genug Torheiten in uns. Alle, die den Herrn Jesum Christum suchen, die liebe Du und behandle sie mit Liebe; denn der Zorn des Teufels ist in jetzigen Zeiten gegen die Kinder Gottes groß, darum halte Dich zu unseren Brüdern und lasse Dich nicht abwendig machen! . . .

Gegen ihresgleichen ist die Welt überaus duldsam und er= weist ihren Gesellen eine Nachsicht, die sie den Kindern Gottes nie widerfahren läßt. Ich versichere Dir: ein stolzer, hoch= mütiger Weltmensch sitzt z. B. in einem Gasthof gewiß viel eher zu einem Weltsünder, der einen sauberen Frack anhat, hin, und wenn derselbe auch als ein Hurer, Ehebrecher, Säufer und Flucher bekannt ist, ehe er an einem Tisch sitzen mag, wo ein armer Reisender sitzt, der ihm als ein Pietist bezeichnet wird. Denn dieser arme Mensch, den er im voraus verachtet, könnte mit ihm vielleicht ein Gespräch über den neuen inneren Menschen anfangen, und da käme er in die jämmerlichste Ver= legenheit, weil er keinen in sich hat. Daher hält er sich lieber fern und freut sich, allerlei aufzutreiben, womit er seine Feind= schaft wider den Heiland und sein Volk auf einige Zeit ent= schuldigen und seinen inneren Tod bemänteln kann.

Ich bitte Dich *bei der Liebe Christi*, daß Du Dein Herz nicht lassest fangen und abwendig machen von den *Gläubigen*. Sie mögen noch Fehler und Gebrechen an sich tragen, welche sie wollen: sie sind dennoch Gläubige und durchs Blut des Sohnes Gottes erkauft."

Die Leute in Stetten begannen gerade zu ahnen, was für ein lebendiger Jünger und vollmächtiger Zeuge Jesu Christi mit diesem blutjungen Vikar zu ihnen gekommen war, da mußte Hofacker schon seinen Wanderstab weiter= setzen. Er wurde nach *Plieningen*, zwei Stunden von Stuttgart, geschickt. Dort wurde gleich die ganze Arbeit und Verantwortung in der 2000köpfigen Gemeinde auf seine Schultern gelegt. Der kränkliche Pfarrer konnte nichts mehr tun, aller Predigtdienst und alle Seelsorge fiel an den Vikar.

Hofacker sagte gleich in seiner ersten Predigt unge= schminkt und herzerfrischend deutlich, was er in Plie= ningen vorhabe: er wolle die Leute *fischen*. Solche kräf= tigen evangelistischen Töne hatte man von dem alten Pfarrer nie gehört. Das Volk strömte bald in hellen Scharen zu den Gottesdiensten des Vikars. Der freute sich natürlich sehr, daß das Wort Gottes die Leute so zog, er kriegte aber auch gleich eine richtige Angst, daß der Zulauf der Menschen ihn hochmütig machen und er sich in seiner Predigtkunst selber gefallen könne:

„Die Leute machen viel aus mir, und ich gefalle mir nicht selten darin, es gibt aber keine größere Sünde für einen Pre= diger als *Selbstgefälligkeit*. Ich muß abnehmen, Christus muß zunehmen. *So* soll ein Knecht Christi denken."

Über seine Art zu predigen äußerte er sich folgender= maßen:

„Was meine Predigten betrifft, so tue ich den Mund auf so weit als möglich, das heißt: ich mache keine Brühe um die Wahrheit herum. Ich habe auch nicht die Regel, durch den Verstand auf das Herz zu wirken, sondern ich nehme das Herz in Beschlag. *Auf dieses suche ich geradewegs und im Sturmschritt loszugehen und es als eine Festung zu erobern.* Die Gaben sind weislich verschieden verteilt. Der eine muß die Schafe in den Stall hineintreiben, der andere muß sie im Stall füttern. Ich bin hier meistenteils ein Treiber."

Hofacker strengte sich in Plieningen bei seinen Pre= digten sehr an. Er bereitete sie gewissenhaft vor. Er kam dabei beinahe in ein gefährliches, unkindliches Sorgen hinein, von dem ihn aber sein Herr kurierte. Lassen wir ihn erzählen:

„Ich hatte eine seltsame Geschichte mit meinen Predigten. Ich fühlte, daß ich dieselben nicht genug in der Einfalt mache, daß viel Eitelkeit, viel unruhiges Sorgen mit unterlaufe. Da wurde mir's einmal im Geiste verwehrt, eine Predigt auf den zweiten Advent zu schreiben. Ich wollte sie nämlich anfangen, da überfiel mich auf einmal eine schreckliche Angst, und ich konnte, ich durfte diese Predigt nicht machen. Ich wollte die

Angst durchs Gebet wegtreiben, allein ich durfte die Predigt nicht schreiben. Ich hielt mir alle Beweggründe, alle Pflichten gegen meine Gemeinde vor, es hieß immer: du darfst nicht!

So ließ ich's dann gehen; jetzt aber schreibe ich sie wieder. Jedoch nicht bloß wegen der Eitelkeit wurde mir das Schreiben jener Predigt verwehrt, es war noch etwas anderes — es war der Sorgengeist, der mich beim Verfassen der Predigten über= fallen hatte, und den mir der Herr austreiben wollte. Ich dachte nämlich immer: wo wirst du Stoff genug hernehmen, daß du dich nicht auspredigst? War eine Predigt gehalten, so dachte ich: jetzt hast du alles gesagt, was du weißt; das nächste Mal weißt du nichts mehr. Darum fing ich schon am Montag die Arbeit meiner Predigt an und trieb mich beinahe die ganze Woche damit herum, stand mit Sorgen auf, ging mit Sorgen ins Bett und tat mein Amt mit Seufzen, nicht mit Freuden.

Darum ließ mir's mein Herr nun nicht mehr zu, die Predigt zu schreiben. ‚Es beruht nicht auf deinem eigenen Kopf', wollte er mir sagen. ‚Ich bin's, halte dich an *mich*, armer Mensch! Wenn *ich* dir nicht helfe, dann geht dir's freilich aus.' Gottlob, es ist mir bisher nicht ausgegangen. Ich bringe alle Sonntage das nämliche auf die Kanzel und doch nicht das nämliche. Es ist ein Wunder vor meinen Augen. Als Regel stelle ich des= wegen auf: *Wer Christum predigt und zugleich nach ihm jagt, dem geht der Stoff nicht aus.* Aber deine eigene Weisheit ist wohl auszuschöpfen."

Daß nur niemand das eben Erzählte mißversteht! In diesem besonderen Erlebnis Ludwig Hofackers wollte Gott kein Wort gegen die fleißige und gründliche Predigt= vorbereitung sagen. Die hat auch Hofacker stets bei= behalten. Aber er wollte den jungen Vikar aus seinen armseligen Sorgen treiben, als ob es in *erster Linie* auf ihn beim Predigen ankomme. Die Hauptsache tut der Herr, der durch seinen Geist kümmerliches Menschen= wort lebendig und kräftig macht.

Hofacker ist in Plieningen nicht nur auf die Kanzel gestiegen, er ist auch in die Häuser gegangen und hat dort Seelsorge getrieben. Sehr wichtig hat er das Gebet für die ihm anvertrauten Menschen genommen:

„Für seine Gemeinde beten, das ist die Hauptsache. Dann sind wir erst wahrhaftige Priester Gottes, wenn wir die Seelen mit unserm Gebet vor Gott vertreten, d. h. gleichsam — denn das eigentlichste Vertreten gehört Christo, dem einzigen und ewigen Hohenpriester. Ohne eifriges Gebet für die Gemeinde *wird auch keine Liebe im Herzen des Seelsorgers gegen seine Seelen stattfinden, und ohne Liebe kann ein Mensch nichts Wahrhaftiges wirken."*

In der *Einfalt* möchte der junge Zeuge bleiben, zur Einfalt ruft er seine Freunde, die mit ihm im Predigt= dienst stehen, und mit denen er in ausführlichem Brief= wechsel ständig verbunden ist. Dieser treue briefliche Verkehr, den ein Kreis gleichgesinnter junger Theologen pflegt, gibt immer wieder besonders schön Aufschluß über Hofackers Herzensstellung und geistliche Entwicklung, über seine Theologie und biblische Erkenntnis, über die Kraft seiner Seelsorge und seines brüderlichen Wortes. Er hat sich immer nach Kräften an diesem Austausch be= teiligt. Er liebte ja so die Brüder!

Ist es nicht schön, wie er die *Einfalt* preist:

„Eine Hauptnotwendigkeit des menschlichen Herzens, wenn etwas aus ihm zum Lobe der herrlichen Gnade Gottes werden soll, ist *Einfalt* — bei der Welt genannt: Dummheit und Schwärmerei, *aber köstlich vor Gott*. Nicht, daß man sich dumm anstelle, sondern kindlich anhange und unverrückt dem treuen Heiland, der uns bracht hat ins rechte Vaterland!"

Neue Blicke tut der Plieninger Vikar in das Wunder und Werk der Gnade. Es weicht immer mehr zurück, was ihm aus der Zeit des gesetzlichen Eigenmühens noch anhaftet:

„Ich danke Gott, daß ich in meinem Innern mehr zur Ruhe komme. Das kommt daher, weil ich mich mehr auf die Gnade berufe. Da muß die finstere Gesetzlichkeit weichen. O daß ich schon ganz in die Gnade gesenkt wäre! Man gerät dann am wenigsten in Gesetzlichkeit, Selbstheiligkeiten und Kasteiungen und wird dennoch recht, ja viel mehr in die *Zucht* genommen ... Nicht schöner wollen wir sein, als daß wir mit seinem kostbaren Blut geschmückt vor ihn treten. Das ist wahr= lich schön genug."

Hofackers Thema war vom Anfang seiner Predigttätig= keit an und dann immer klarer, tiefer, tröstlicher die Rechtfertigung des Sünders aus Gnaden im Glauben an den Herrn Jesus Christus. Von der *Heiligung* hat er nicht soviel geredet wie von der Rechtfertigung. Aber er hat sie gekannt, er hat in ihr gelebt. Eben hörten wir ihn sagen, daß die Gnade viel stärker in die Zucht nimmt als aller gesetzlicher Eifer. Damit hat er eigentlich das biblische Geheimnis der Heiligung in seiner Tiefe verstanden. Wie könnte man wesentlicher von der Heiligung reden, als daß man die Gnade bezeugt, die unausweichlich diejenigen in Zucht und Pflicht nimmt, die sie rettet?

Stille vor dem Rumor

Nur wenige Monate blieb Ludwig Hofacker in Plieningen. Dann waren seine Nerven derartig angegriffen, daß er vom März 1821 bis zum Herbst 1822 sich jeder ernsthaften Tätigkeit enthalten mußte. Es war eine traurige Heimkehr ins Elternhaus nach Stuttgart nach den fröhlichen Posaunenstößen in Stetten und Plieningen. Hofackers Kopfnerven waren so schwach, daß er sich mit Lesen und Schreiben nicht abgeben durfte. Auch längere Gespräche waren nicht möglich. Das Beten, das er so liebte, mußte er oft auf wenige Augenblicke beschränken. Sonnenlicht war direkt gefährlich für ihn. Dabei sah er eigentlich verhältnismäßig blühend aus, so daß manche Leute seine Krankheit als Einbildung und Übertreibung anzusehen und abzutun geneigt waren.

In dieser neuen langen Krankheitszeit stellte sich auch Freund Albert *Knapp* wieder ein. Er wurde ein häufiger Besucher. Jetzt traktierte er seinen kranken Ludwig aber nicht mehr mit den Erzeugnissen der weltlichen Poesie, jetzt sprach er mit ihm über Jesus und sein wunderbares Heil. Er war inzwischen auch ein Eigentum Jesu geworden, und Freund Hofacker hatte dabei Handlangerdienste tun dürfen. Knapp war jetzt Vikar in *Gaisburg* bei Stuttgart, so konnte er seinen Herzensfreund öfter besuchen.

Wen will's wundernehmen, daß für den jungen, tatenfrohen Hofacker, der darauf brannte, seinem Heiland zu dienen, die lange Krankheitszeit schwere Versuchung und Anfechtung bedeutete? Schauen wir in seine Not hinein:

„Was meinst Du, wie mir's zumute ist, wenn ich mir denke, der Heiland habe mich für mein Leben lang aus seinem Arbeits= joch ausgespannt und zum alten Eisen geworfen? Wahrlich, das ist kein Scherz, so bei lebendigem Leibe als ein Toter umher= gehen zu müssen, arbeiten zu wollen und doch nichts arbeiten zu dürfen und sich von andern nur wie ein Kind in der Wiege erhalten zu lassen! *Das heißt sterben*, und zu solchem Tode muß ich mich mit dem Heiland gepflanzt achten. Ganz blind, mit verbundenen Augen muß ich mich nun an ihn halten, ob es ihm gefallen wird, mich aus meinem Kerker zu führen oder nicht. Ihm muß ich es völlig überlassen, ob er das Zünglein an der Waage auf Tod oder Leben hineigen will, ich muß meinen inneren Hader, meine Gebete, meine Rechthaberei, mein Bessermeinen, mein ganzes Ich in seinen Willen begraben, damit ich nicht bloß als ein gemalter, sondern als wirklicher Sünder nichts mehr übrigbehalte als seine Gnade, die in den Schwachen mächtig ist, die das Leben aus dem Tode hervorruft."

„Herunter! Herunter!" So hieß schon länger Hofackers Losungswort. In jener Zeit aber ging es nicht nur mit ihm herunter in die bittere Leidensschule, über das ganze Haus kam viel Trübsal. Beim unglücklichen Bruder Max machte die Geisteskrankheit traurige Fortschritte. Den starken Vater machte ein Schlaganfall hilflos. Was lag da auf der Mutter für eine Last! Sie trug sie in schweigsamer, gläubiger Tatkraft.

In all diesem quälenden Erleben übte sich Ludwig Hofacker im *nackten Glauben*. Die in sein Kranken= stüblein traten, spürten, wie er reifte, und wie über seiner Schwachheit der Geist der Herrlichkeit Gottes war:

„Ich befehle mich gegenwärtig täglich und stündlich in die durchgrabenen Hände Jesu, und ich befinde mich wohl dabei. Ich glaube, daß mich Christus ohne all mein Verdienst durch sein Leiden und Sterben erkauft hat, ohne Rücksicht darauf, *wie weit ich arm sei oder es in der Heiligung gebracht habe* — sondern aus purem, lauterem Erbarmen. Das halte ich mir vor und reiße es an mich ... Völlig und nackt vertraue ich auf das lautere Erbarmen Gottes, das sich in Christo auf Golgatha geoffenbart. Das gibt Ruhe ... O was kann einem da der Heiland werden! ...

Ach, laß uns doch von uns selber absehen! Still zu des

Heilands Füßen gelegen, sich in seine Hände hinein empfohlen, seine ewige Erbarmung angesehen und ihn gefragt: Bin ich denn nicht dein? Bist du allein für mich nicht gestorben? — das ist dem Heiland angenehm. *Das aber ist Satans größte Freude, wenn er uns vom Glauben, vom puren, nackten Glauben an Jesu Verdienst abziehen kann, weil dieser sein Tod ist."*

Bis zum Herbst 1822 dauerte die Zeit der Untätigkeit. Dann kamen die Kräfte langsam zurück. Hofacker konnte seinen erkrankten Vater in leichteren Diensten, wie Be= erdigungsreden, vertreten. Am 31. März 1823 stand er wieder auf der Kanzel. Die Bußpredigt, die er hielt, schlug mächtig durch. Die Kirchenleitung ernannte ihn dann offiziell zum Stadtvikar an der Leonhardskirche, wo er mit seinem Vater und für ihn amtierte. Und nun begann in Stuttgart ein herrlicher Rumor, so wie ihn das Evan= gelium schafft, wenn es als Gotteskraft offenbar wird.

Erweckung in Stuttgart

Schlag auf Schlag folgen Hofackers gewaltige Pre= digten, die in Stuttgart bald Stadtgespräch sind und die Scharen der Hörer von weither herbeilocken. Es kommt vor, daß Bauersleute trotz heißer Erntearbeit in der Woche am Sonntag sechs bis acht Wegstunden zurück= legen, um den Vikar Hofacker predigen zu hören. Man muß mindestens eine halbe Stunde vor Beginn des Gottes= dienstes sich einfinden, um noch einen Platz zu bekommen. Dabei predigt Hofacker meistens in den Nebengottes= diensten am Sonntagnachmittag, die normalerweise nur spärlich besucht werden.

Warum kommen denn alle diese Leute? Sie werden von der Vollmacht eines jungen Zeugen Jesu angezogen, dem man anmerkt, daß er nur seinen Herrn verherrlichen will. Er redet, was er gesehen und gehört und erfahren hat. Er ist kein frommer Schwätzer. Die Hörer spüren: der Mann auf der Kanzel hat nicht nur seinen gekreuzig=

ten Heiland lieb, der hat auch uns lieb. Der wirbt um jeden von uns mit heiligem, unermüdlichem Eifer.

Zwei Teile hat Hofackers Predigt immer. Er ruft die große Tat Gottes aus: „Gott war in Christo und versöhnte die Welt mit ihm selber." Er bittet die Leute, sich diese Versöhnung persönlich anzueignen: „So sind wir nun Botschafter an Christi Statt; denn Gott vermahnt durch uns: Lasset euch versöhnen mit Gott!" Es wird Gericht verkündigt, aber viel mehr wird mit den Herztönen der Liebe für den Mann am Kreuz geworben und die Rettung in ihm gepriesen. In diesen Predigten ist beieinander, was so oft auseinandergerissen wird, und was doch in jedem rechten Zeugnis zusammengehört: das Objektive, die große Tat Gottes, und das Subjektive, die Antwort des Menschen, der glaubend Gottes Heil für sich persönlich nimmt.

Welchen Eindruck Hofackers Stuttgarter Predigten machen, das soll uns Freund Knapp bezeugen, der an einem Sommersonntag 1823 seinen Ludwig zum erstenmal predigen hört:

„Gleich beim Eintritt in die Kirche ergriff mich die ernste Sammlung der dichtgedrängten, harrenden Gemeinde, und vor den Türen sah man, soweit etwa die Stimme des Predigers reichen mochte, noch zahlreiche Volksmassen geschart. Hofacker betrat die Kanzel. Sein Auftreten war ruhig, einfach und durchaus freundlich, etwa wie wenn eine Wolke daherschifft und still ihres Weges zu ziehen scheint. Allein bald begann es aus dieser Wolke zu wetterleuchten, und gleich die umfassende Disposition der Rede: ‚Eine Vergleichung der Herrlichkeit des Alten Testaments mit der Herrlichkeit des Neuen 1. in bezug auf derer beide Mittler, 2. in bezug auf die Lehre dieser Mittler, 3. in bezug auf die Kraft ihrer Lehre, 4. in bezug auf die Dauer ihrer Testamente' ließ wohl ahnen, daß es hier nicht ohne ein mächtiges Zeugnis von Christus abgehen werde.

Das geschah denn auch in steigendem Maße, und mit

steigendem, nie gefühltem Erstaunen begleitete ich die Rede meines Freundes, der mir hier in einer ganz neuen Gestalt, mit einer ungeahnten Macht und Würde vor meine Seele trat. Ich mußte mich immerfort besinnen: ‚Ist denn dieses mein alter Louis?' Es lag eine Inbrunst, ein hinreißendes Feuer der Wahrhaftigkeit und einer seligen Lebenserfahrung in seinem Zeugnis, wovon ich bis dahin gar keinen Begriff hatte, und ich war nicht der einzige, dem's also ging, sondern ein ehrwürdiger, in Christo fest gewurzelter Freund, welchen ich bald hernach aus einer ähnlichen Predigt Hofackers nach Cannstatt begleitete, fragte mich mit dem nämlichen Eindruck unterwegs: ‚Sag einmal: hast du jemals geahnt, daß ein Mensch mit einer solchen Geistesmacht reden könnte?'

Ich erinnere mich noch, wie er den Hauptsatz: ‚*Einen solchen Hohenpriester müssen wir haben!*' zuerst den Gegenüberstehenden gewaltig zurief. Dann wandte er sich feierlich, nach einer Pause, zu denen zur linken Hand und wiederholte voll mächtigen Nachdrucks dasselbe Wort — hierauf ebenso zu denen zur Rechten, so daß es einem ganz fühlbar wurde: diese Leute sagen alle innerlich ja und amen; denn sie *müssen* es sagen. — Sichtbar erschöpft verließ er die Kanzel, und ich rief ihm im Herzen nach: Ja, Ludwig, du hast deinen Gott verherrlicht!

Nie wird mir jene Predigt entschwinden. Ich weiß sie nach 32 Jahren beinahe noch auswendig; denn sie war im edelsten Sinne des Wortes eine *Tat*, und wenn ich irgendwo recht unmittelbar empfunden habe, daß das Wort Gottes nicht in Worten, sondern in Beweisung des Geistes und der Kraft steht, so habe ich's dort empfunden."

Wenn Hofackers geisterfüllte Rede durch die Kirche brauste, dann lauschten die Tausende in innerster Ergriffenheit, dann war es, als ob ein Sturmwind daherwehe, unter dem sich die Köpfe der Menschen wie Ähren auf dem Halm neigten. Angriff auf Angriff rollte gegen die Festung Menschenherz, und es kam zu klaren Übergaben an den lebendigen Gott.

Schön ist die Geschichte von einem Landmann aus der Umgebung Stuttgarts, den seinen Dorfgenossen „Soldätle" nannten, weil er einst mit Begeisterung Soldat gewesen war und von seinen Heldentaten noch gern erzählte. Er kann es nicht nur nicht verstehen, es ärgerte ihn direkt maßlos, daß die Leute Sonntag für Sonntag zu dem Pietistenprediger Hofacker rennen. Eines Sonntags macht er sich auch auf den Weg zur Hauptstadt, aber beileibe nicht, um Hofacker zu hören! Nein, er gedenkt Geld einzusäckeln. Da hatte sich nämlich ein reicher Verwandter des „Soldätle" aus London in einem Stuttgarter Gasthaus einquartiert und seine Verwandten wissen lassen, er warte auf ihren Besuch. Wer kommt, kriege 100 Taler. Manche hatten diesen mühelosen Weg, an Geld zu kommen, schon erfolgreich beschritten. Den „Soldätle" hatte der Mammon auch schon länger mächtig gelockt, aber der dumme Stolz seiner Frau stand ihm entgegen. Sie sagte nämlich, man brauche bei dem reichen Vetter nicht um Almosen zu betteln, er könne selber kommen und einem das Geld ins Haus bringen!

Aber allmählich war es dem „Soldätle" zu bunt geworden. Man konnte doch nicht wegen des leidigen Hochmuts eines Weibes so viel Geld fahren lassen! Die Frau hatte schließlich nachgegeben. Nun befinden sich die beiden also auf dem Weg nach Stuttgart. Viel Volks wandert mit ihnen, die wollen alle den Hofacker hören. „Dumme Leute!" denkt der „Soldätle". „Was ich zu erwarten habe, ist besser als der fromme Erguß, den ihr euch anhören wollt!" Aber dieses Pech! In Stuttgart erfährt er, daß der reiche Vetter gerade am Vortag abgereist ist. Um nicht ganz umsonst nach Stuttgart gelaufen zu sein, geht der „Soldätle" mit in Hofackers Predigt. Man kann sich ja den Wunderprediger, zu dem alle Welt läuft, aus sicherer Ferne einmal anhören.

Aber mit der sicheren Ferne — das wird nichts! Der „Soldätle" wird einfach von dem Strom der Hörer, der in die Kirche drängt, erfaßt, und schließlich landet er ganz vorn, direkt gegenüber der Kanzel. Um Haupteslänge überragt er das übrige Volk.

Jetzt steht Hofacker auf der Kanzel. Bald weht von dort ein scharfer Wind. Das nichtige Jagen der Sünder nach den eitlen Dingen wird angeprangert. Da durch= zuckt es den „Soldätle": „Meint er mich? Wie bin ich nach den 100 Talern gerannt! Kein Zweifel, der Mann auf der Kanzel spricht von mir! Ob mich einer bei ihm angeschwärzt hat?" Vor Scham möchte er in den Boden sinken. Der Prediger wechselt den Ton. Nun spricht er von der Liebe Jesu zu den Verlorenen. Nun lockt er in zarten Tönen die Leute, die bisher auf das Nichtige aus waren, doch das wesenhafte Leben und Heil durch den Heiland zu suchen. Das geht dem „Soldätle" durchs Herz! Hofacker schließt mit einem Liedervers, der eine letzte dringliche Einladung zu Jesus ist:

Wer weiß, was heut noch kommen kann;
ach eile, *jetzt* nimm Jesus an!

Dem „Soldätle" ist es, als ob der Prediger bei diesem Ruf zur Umkehr gerade ihn ansehe, mit der Hand gerade auf ihn zeige. Tieferschüttert verläßt er die Kirche. So hat ihn noch nie eine Predigt gepackt! Fortan wird er die Frage nach dem Seligwerden nicht mehr los. Er besucht noch einige weitere Predigten und faßt nach einem miß= lungenen Versuch — noch an der Haustür kehrt er um! — endlich Mut, bei Hofacker ein Gespräch unter vier Augen zu suchen. Aus dem geht er als ein Mensch mit dem Frieden Gottes im Herzen heraus. —

Noch ein Beispiel für die herzbezwingende Macht der Predigten Hofackers: Ein junges Mädchen, das in einem völlig weltlichen Hause in völlig weltlicher, eitler Ge= sinnung dahinlebt, wird von einer Freundin zu Hofackers Predigten eingeladen. Gut, sie will den Mann, von dem ganz Stuttgart spricht, auch einmal hören! Als sie zum erstenmal sich aufmacht, mißglückt es. Hofacker predigt gar nicht, sie gerät in eine gähnend leere Kirche und hört eine trockene Rede.

Dieser Mißerfolg bestärkt gerade ihren Wunsch und ihre Neugier, Hofacker zu hören. Beim nächstenmal trifft sie es richtig. Und es trifft sie auch richtig! Das, was Hofacker von der Verlorenheit und Gottesferne des natür= lichen Menschenherzens sagt, beschreibt haargenau ihren eigenen Zustand. Sie muß dem Wort Gottes in seiner auf= deckenden Anklage recht geben, wird dann aber durch das Zeugnis von der Retterliebe Jesu getröstet. Sie findet den Heiland und bekennt: „So hat mir Hofacker den Weg zum Vaterland gewiesen, und ich werde ihm in der Ewig= keit dafür noch danken."

Ein gefährlicher Posten

Knapp sagt von der Stuttgarter Predigttätigkeit seines Freundes Hofacker: „Es war damals eine ungemeine Be= geisterung ausgegossen, und der Name Christi war hoch= gelobt von Tausenden, selbst von solchen, die sich bisher wenig um das Heil ihrer Seele gekümmert hatten." Konnte das ein so junger Mann ohne Schaden für seine Seele ertragen, daß sich so viele Leute in seine Predigten drängten, und daß sein Zeugnis einen solchen Rumor machte? Hofacker hatte ein klares Bewußtsein davon, wie gefährlich der Posten war, auf dem er stand:

„Ich bin noch jung in der Erweckung und habe schon solches Geschrei in der Welt gemacht. Ich fürchte mich oft sehr, und wenn ich mich nur recht fürchtete, damit mir noch einmal die Fetzen der Selbstgerechtigkeit herabfielen! ... Was meine Pre= digten betrifft, so glaube ich, daß es bei manchen Seelen ein Ernst wird mit dem Christentum. Gott sei gelobt und der Magister Hofacker nach dem Hochmut, der sich darein ver= bilden will, verflucht, aber durch das Verdienst seines Heilandes selig!"

Daß bei ihrem Jungen aufkommender Hochmut ge= dämpft würde, darin sah Mutter Hofacker eine wichtige ihr zugewiesene Aufgabe. Sie war alles andere als eine schwärmerische Verehrerin und Lobrednerin ihres Ludwig. Gewiß, sie erfreute und erbaute sich von Herzen an seinen kräftigen Predigten, aber sie hütete sich, ihn das allzusehr merken zu lassen. Als eines Sonntags ein Freund sich hingerissen über die gehörte Predigt äußerte, blickte die Mutter aus dem Buch, in dem sie gerade las, überhaupt nicht auf, sondern sagte nur gelassen: „Ja, der Teig ist dieses Mal ganz ordentlich aufgegangen."

Ludwig bekannte der Mutter einmal: „Wenn ich sonntags die Scharen sehe, die zu meinen Predigten strömen, darunter die vielen, die mit ihren Wanderstöcken von weither kommen, dann schleicht sich wohl der elende Hochmut in mein Herz, und ich denke: Guck, an dem Hofacker und seinen Predigten scheint doch etwas dran zu sein! Was soll ich nur dagegen tun?" Da nahm ihn die Mutter aber gründlich in die Kur: „Schämst du dich nicht, du armseliger Mensch, den man alle Tage pflegen muß? Du willst mit deinem siechen, erbärmlichen Leib noch hochmütig tun und deinem alten Adam Heu aufstecken, wo du froh sein solltest, wenn du nicht steckenbleibst? Geh, schäme dich ins Herz hinein!" Für solch derbe Zurechtweisung ist der Ludwig seiner Mutter nur dankbar gewesen.

Gottes Geist hat Ludwig Hofacker in der Demut erhalten. Der junge Prediger hat in ständiger heiliger Wahrhaftigkeit und Gewissenhaftigkeit seine Arbeit getan. Er wollte auf keinen Fall mehr scheinen, als er auch wirklich war. Er wollte nichts sagen, was er nicht selber erfahren und erprobt hatte. Hören wir ihn:

„Wie sieht es innerlich oft noch aus bei mir! Dabei hält man mich in Stuttgart für einen der frömmsten und begnadigtsten Jünger Christi. Ich habe selbst einigen Anlaß dazu gegeben. Durch gewisse Wendungen im Vortrage des Evangeliums kann man sich den Schein geben, daß man wirklich in etwas lebe, worin man noch nicht wahrhaftig lebt. Ob ich's nun, meines Wissens, noch nie auf eine solche Heuchelei angelegt habe, so hat mich doch der Gedanke, daß dies und jenes gesagt werden müsse, der Anblick und der Zug so vieler suchender Menschen, die in manchen Fällen gewißlich erfahrene Unterstützung des Herrn bisweilen hingerissen, daß ich lebhafter von etwas redete, als ich es innerlich wahrgenommen hatte, obwohl ich's lebendig fühlte. Es ist mir schon bedenklich gewesen, ob ich nicht durch Selbstwirken und Selbstwollen einigen Anlaß zu der enormen Meinung gegeben habe, die manche von meinem Christensinn haben; denn das gewöhnliche Volk macht aus demjenigen, den es gern hört, nur gar zu leicht einen Papst. In dieser Beziehung stehe ich hier auf einem *gefährlichen Posten*. Zwar beugt es mich neuerdings, wenn mich die Leute so ansehen, wie sie es tun. Doch fühle ich innerlich noch eine geheime Zustimmung meines Herzens dazu — ein solch betrügerisch Ding ist's um mein Gemüt."

So rang Hofacker ständig um die innere Lauterkeit seines Dienstes. Wer es so ernst nahm, wer so nach der Demut trachtete, den konnte Gott gebrauchen und be= wahren. Hofacker verlor auch als der große Erweckungs= prediger nichts von seiner gesunden *Natürlichkeit*. Er konnte es allerdings nicht verhindern, daß sich manche Leute schwärmerisch an ihn hängten, und daß etliche sogar wunderliche, verschrobene Heilige wurden.

In Stuttgart wurden durch seine Verkündigung auch eine Reihe von Gymnasiasten erweckt. Die schlossen sich ihm eng an, manche umschwärmten ihn geradezu. Er suchte sie in einer Art Bibelkreis zu sammeln. Das war für die damalige Kirche, die noch kein Vereinswesen kannte, eine erhebliche Neuerung. Der Ursprung einer organisier= ten Schüler-Bibelkreisarbeit liegt erst viele Jahrzehnte später. Hofacker hütet sich, auf das Gefühl dieser jungen Leute einseitig einzuwirken; sie sollten ungekünstelt mit der Schrift umgehen lernen. Manche von diesen Jungen sind auf einer gesunden Glaubensbahn gelaufen; mit eini= gen, die sich mehr zu Hofacker als zum Herrn Jesus bekehrt hatten, nahm es ein schlimmes Ende. Einer wollte sogar ein zweiter Hofacker werden und steigerte sich in dessen Predigtweise hinein, ohne seinen Geist zu haben. Er ist traurig gescheitert.

Einmal kamen nach Hofackers Predigt einige erweckte junge Männer zu ihm, an deren wichtigtuerischer Miene und frommen Seufzern er gleich merkte, daß sie etwas Besonderes auf dem Herzen haben mußten. Sie rückten dann mit der Frage heraus, ob der Herr Vikar auch glaube, daß am Ende der Teufel noch selig werde. Der nüchterne Hofacker hat sich mit den neugierigen Speku= lanten aber in keine langen Erörterungen eingelassen, sondern gesagt: das wisse er nicht; wohl aber wisse er, daß die Ungläubigen und Unbekehrten in die Nähe des Teufels gehörten, so daß er für jedermann keinen besseren Rat wisse, als sich beizeiten gründlich zum Heiland zu bekehren.

Zwei geisteskranke Söhne?

Es war in den Jahren 1823 und 1824 viel Freuen im Himmel und in Stuttgart über Sünder, die ihren Heiland fanden. Wie freute sich Ludwig Hofacker so besonders darüber, daß auch sein eigener Vater sich aus aller starren Rechtgläubigkeit und theologischen Systematik löste und zu Jesus als zu seinem persönlichen Heiland und Erretter heimfand! Wir haben davon schon gehört.

Ludwig war des Vaters treuer Pfleger in dessen letzten Lebenswochen. Er verzichtete sogar auf das geliebte Predigen, um dem kranken Vater nahe zu sein. Wie wuchsen die beiden Männer da noch zusammen! Der Vater konnte gar nicht mehr ohne seinen Ludwig sein. Am 27. Dezember 1824 ging er, 66 Jahre alt, heim. Voll gewissen Trostes konnte der Sohn von ihm bezeugen:

„Wir hatten das seltene Schauspiel, wie dieser gewaltige Mann, dieser starke Verstandesmensch alles, auch seine be= deutenden Kenntnisse, in die Schanze schlug um Christi willen und zu einem Kinde Gottes umgeschmelzt wurde. Er ward ein Prediger der Gerechtigkeit auf dem Leidenslager und schlug sterbend mehr Philister als lebend, wie Simson. Gegen Ende kam Freudigkeit, große Freudigkeit, zum Heiland zu gehen. ,Von Rechts wegen', so sprach er, ,gehöre ich in die Hölle; aber mein Recht an den Sohn Gottes und an sein heiliges Ver= dienst ist noch größer, und *das gilt!*' "

Nach dem Tod des Vaters wurde Ludwig Hofacker zum Pfarrverweser ernannt. Die Gemeinde hätte ihn zu gern behalten. Es wurde auch gerade die Stelle des zweiten Pfarrers, des Diakonus, an der Leonhardskirche frei, und die Leute hofften, daß Hofacker in dieses Amt eingewiesen würde. Es wurde eine entsprechende Bitt= schrift an das Konsistorium abgefaßt, für die in wenigen Tagen 1600 Unterschriften beschafft wurden. Hofacker hing selber sehr an der Gemeinde, und er wäre gern ihr Pfarrer geworden. Aber er wollte keine eigenen Wünsche durchdrücken, sondern alles im Lichte Gottes sehen und der Führung Gottes anheimstellen. Er entdeckte auch einige einleuchtende Gründe, die für sein Weggehen sprachen:

„Es wird gut sein, wenn ich manchen Leuten aus dem Gesicht komme. Ich fühle von manchen schwächeren Seelen widrige Einflüsse. Sie bekehren sich zu der Maske, die über meinen Geist hereingezogen ist. Da wird's gut sein, wenn sich die Spreu vom Weizen sondert. Auch möchte ich aus manchem Versuchlichen heraus und in die *Stille*, was *hier* kaum möglich ist ... Nun, meine Tage stehen in des Herrn Händen, und er stellt seine Leute, wohin er will. Nach allem, nach meinen inneren und äußeren Verhältnissen zu schließen, wird meines Bleibens hier nicht mehr allzulange sein. Es erhellt dieses auch aus meiner Predigtweise, die wegen ihres erwecklichen Buß= charakters wohl nicht über zwei Jahre an einen Ort paßt; denn auch das schärfste Anfassen werden die Leute nach und nach gewohnt und verderben sich zuletzt damit den Appetit, so daß sie endlich lauter Gewürz essen wollen."

„Meine Zeit steht in des Herrn Händen." In dieser Gewißheit blieb Hofacker ruhig in den Tagen, in denen so viele leidenschaftlich von der Frage bewegt wurden, ob der geliebte Vikar in Stuttgart bleiben könne. Er ging einmal mit seinem Freunde Albert Knapp nach dessen benachbartem Wohnort. Zu den Füßen der Wanderer lag das nächtliche Stuttgart mit seinen Lichtern. Da sagte Hofacker:

„Sieh, wie klein das alles da unten liegt! So möchte ich die ganze Welt unterm Fuß haben und einzig im Heiland selig sein, ihn nie wieder betrüben, mit ihm alles leiden, alles tun."

Was wird aus Hofacker? Gott selber gab die Antwort. Er gab sie ganz anders, als Menschen wünschten und erwarteten. Er nahm Ludwig Hofacker wieder aus aller Arbeit heraus und führte ihn in die Stille. Im Februar 1825 brach die alte Krankheit wieder aus. Bis nach St. Moritz in die Schweiz reiste die treue Mutter mit ihrem leidenden Sohn, damit er Hilfe fände. Die Kur brachte keine Heilung, aber sie stärkte den Körper, sonst hätte der wohl kaum das heftige Nervenfieber ausgehalten, das ihn im Oktober greulich durchschüttelte, so daß der Kranke fürchtete, er werde den Verstand verlieren. Es war ja schon der Bruder Max in die Nacht des Wahnsinns gesunken. In jenen Tagen der großen Angst fragte Ludwig die Mutter: „Was wirst du tun, wenn du demnächst statt eines zwei geisteskranke Söhne haben solltest? Wirst du mich auch dann nicht verlassen?" Wie schnitt der Mutter diese Frage durchs Herz! Sie war stark genug, zu antworten, daß sie auch das mit Gottes Hilfe tragen würde.

Die Krankheit nahm eine lebensgefährliche Wendung. Man rechnete allgemein mit Hofackers baldigem Heimgang. Ihn selber zog es mächtig zum Heiland. Er bestürmte direkt den Arzt, ihm doch zu sagen, daß er den nächsten Tag nicht mehr erleben werde. Aber er starb nicht, verlor jedoch das Bewußtsein und dämmerte den ganzen November 1825 dahin. Er wußte später von diesen Wochen nur, daß ihn darin wirre Träume gequält hatten und er durch Höllenängste gegangen war.

Bei einem Fieberanfall sah er sich im Gericht Gottes stehen. Jemand rief ihm drohend zu: „Hier geht es nach dem Gesetz!" Da packte ihn wahnsinnige Angst, und es hieß in seinem Innern: „Dann bin ich verdammt und gehe ewiglich verloren!" Es war ihm, als ob von einer Seite her höllische Finsternis auf ihn eindringen wolle, von der andern Seite her aber die Lichtstrahlen der Herrlichkeit ihn lockten. Er wollte ins Licht! Da fuhr er von dem Lager, auf dem er diese wirren Fieberphantasien träumte, mit einem mächtigen Satz in die Höhe und eilte zur Helle, zum Fenster. Laut rief er dabei: „Ins Reich des Lichts will ich!" Gut, daß ein baumstarker Wächter zur

Stelle war, der ihn zurückstieß, sonst wäre der Kranke wohl aus dem Fenster gestürzt.

Das Erleben dieser schweren Wochen hat es Hofacker unheimlich nahegebracht, daß Krankheit und Sterben wahrhaftig kein Kinderspiel sind. Er hat es seinen Freunden hinterher sagen lassen, es möge es doch niemand mit dem Sterben leicht nehmen. Er habe einen Vorgeschmack bekommen, was es damit auf sich habe.

Die treue Mutter! Wie hat sie in diesen Wochen ihren Ludwig Tag und Nacht mit unermüdlicher Liebe um= geben und gepflegt! Die Krankheit steigerte sich zu= sehends, bis die Ärzte schließlich erklärten: „Nun sind wir mit unserer Kunst am Ende! Nun kann es sich nur noch um Stunden handeln!" Aber da hat Gott eingegrif= fen und den Kranken in einen tiefen Schlaf fallen lassen. Das war nicht der Schlaf zum Tode, sondern in die Ge= nesung hinein. Die Ärzte erklärten staunend, nun sei Hofackers Nervensystem gereinigt und gekräftigt. Nun könne er noch lange Jahre leben. Da herrschte große Freude im Hause und im ganzen Freundeskreis.

Als die Krankheit vorüber war, ließ Hofacker in Briefen seine Freunde nachträglich teilhaben an den Nöten und Anfechtungen, aber auch an den Erfahrungen und Trö= stungen, durch die er gegangen war. Als die Krankheit begann und ihn aus der gesegneten Stuttgarter Erwek= kungsbewegung herausriß, da stand er manchmal weh= mütig am Fenster und sah die Scharen zur Kirche pilgern. Seine Untätigkeit wurde ihm zur schweren Anfechtung.

Es kam wohl der Gedanke, warum Gott gerade ihn, zu dem doch die Leute so strömten, jetzt auf die Seite stelle. Würde denn nun nicht alles rückwärtsgehen und verloren sein? Da hat Gott ihm bedeutet: „Lieber Ludwig Hofacker, gewiß habe ich dich eine Zeitlang gebraucht als mein Werkzeug. Du mußt nun aber nicht meinen, als ob ich auf dich angewiesen wäre. Mein Reich hat schon einige tausend Jahre vor dir und ohne dich bestanden, es wird auch nicht gleich untergehen, wenn du nicht mehr predigst." Da ist dann Hofacker stille geworden und hat sich unter den Gott gebeugt, der seine Boten kommen und gehen läßt, seine Sache aber selber in der Hand behält und sie vorantreibt.

Als dann die Krankheit nach den vielen dunklen Monaten endlich die Wendung zur Genesung genommen hatte, da bewegte Hofacker immer wieder die Frage, ob er denn auch Gott für seine Wohltaten von Herzen dank= bar sei. Mit der an ihm gewohnten Demut und schonungs= losen Wahrhaftigkeit durchforschte er sein Herz, und da fand er wirklich nichts, was diese Güte Gottes verdient hätte. Es war eben wieder einmal die Gnade an ihm mächtig gewesen, die sich unbegreiflicherweise gerade denen zuwendet, die nicht das geringste Anrecht auf sie haben. Er sagt:

„Was Gott an mir getan hat, wisset ihr wohl. Näher kann man nicht an der Ewigkeit stehen, als ich daran gestanden habe. Aber wo bleibt nun der Dank, daß er mich unfrucht= baren Baum noch länger stehenließ? Soll denn mein hartes Herz nicht durch Wohltun, nicht durch den Ofen der Trübsal, durch gar nichts können zur Aufmerksamkeit gebracht werden? Ich habe die Erfahrung gemacht, daß nichts hinreicht, einen Menschen auch nur zu einem einzigen wahren Gefühl über sich und seinen Gott zu bringen — nichts als das Blut Christi. *Das Blut Christi, des Lammes Gottes, muß her.* O ewige, ans Kreuz geheftete Liebe, so hart bin ich, und so weich und gnädig bist du, daß, als du sahest, wie keine Macht imstande ist, meinen erstorbenen Willen zu beleben, als dein unschuldiges Blut, du dasselbe in heißer Läuterung hingabst, um mich zu heilen."

Ja, das ist der echte, der ganze Ludwig Hofacker, der in diesen Zeilen lebt. Das ist der Mann, der an seinem eigenen harten, undankbaren Herzen leidet. Das ist der Mann, der aus dem Staunen darüber nicht herauskommt, daß Gottes Herz so voll Treue und Gnade ist und in der gekreuzigten Liebe das Mittel findet, Menschen zu Dank und Hingabe zu führen.

Zu der Erfahrung der wunderbaren Liebe Gottes, die über seinem Leben in dunkler Krankheitsnacht waltete, kam die andere: daß Bruderschaft der Christusjünger kein leeres, gefühliges Geschwätz ist, sondern beglückende Wirklichkeit. Wie haben Hofackers viele Freunde sich mitgesorgt, wie haben sie mitgebangt, mitgeglaubt, mit= gehofft, mitgebetet! Wie haben sie die Handreichungen der Liebe dem Kranken zuteil werden lassen! Hofacker bekennt dankbar:

> „Was die getreuen Brüder in Stuttgart während dieser Zeit an mir getan, wie sie ohne Ekel mich gehalten, bewacht, mit Eisumschlägen mich bedient, getragen, gelegt und sonstige Treue bewiesen: das kann ich nimmermehr vergessen. Der Heiland, der einen Tropfen Wasser vergilt, den man einem durstigen Jünger reicht, wolle es diesen lieben Brüdern an= schreiben und vergelten!"

Krankheitszeiten sind teure Zeiten. Ludwig Hofacker hat fast eineinhalb Jahre keinen Dienst tun können. Da haben die Brüder auch mit Geldunterstützungen ein= gegriffen und dem Kranken verschiedene Kuraufenthalte mitbezahlt und die teuren Ärzte ermöglicht. Sich in seiner Armut und Hilflosigkeit solche Unterstützungen gefallen lassen — das ist übrigens gar nicht immer so einfach, das muß man manchmal richtig lernen. Hofacker hat's auch gemußt; er soll uns sagen, ob und wie es ihm gelungen ist:

> „So wohltuend und rührend solche Wohltaten für mein Herz sind, so muß man doch darunter lernen. Dem alten Adam will es in mancherlei Beziehung nicht munden, von anderer Wohltaten leben zu sollen, und man fühlt sich dabei auf eine ganz eigene Weise beschämt und gebeugt. Es gehört daher ins Kapitel der Demütigungen, sich solches wahrhaft dankbar gegen Gott und Menschen gefallen zu lassen."

Amtsantritt in Rielingshausen

Ludwig Hofacker war genesen. Wo sollte er nun hin? Die Bemühungen der Stuttgarter, ihn als zweiten Pfarrer an die Leonhardskirche zu bekommen, waren fehlgeschla= gen. Seine eigene Bewerbung um die Pfarrstelle Stamm= heim bei Ludwigsburg war auch ohne Erfolg geblieben. Dann aber wurde ihm das Dörflein *Rielingshausen* bei

Marbach als Wirkungsort zugewiesen. Im Juli 1826 trat er die Stelle dort an. Der Abschied vom geliebten Stuttgart war nicht leicht. Auch der Mutter, die ihren Ludwig treulich begleitete, fiel er bitterschwer.

Es war ein in der Schule des Leidens und der Tröstung Gottes gereifter Mann, der nach Rielingshausen kam. Von der Anmut der Jugend, die einst viele an ihm entzückte, war nichts geblieben. Ein tiefernster, hagerer Mann, der auf dem Vorderhaupt nur noch wenig Haare hatte, und dessen Antlitz ein stilles Leidensgepräge trug, war aus den Heimsuchungen hervorgegangen. Aber was für einen Schatz trug dieser Mann im irdenen Gefäß! Wie war er im Glauben vorangekommen! Wie war der Herr Jesus Christus und seine wunderbare Gnade sein einziger Halt geworden! Wie kannte er sein eigenes Herz und die Herzen der anderen bis in alle Tiefen und Untiefen hinein! Welche Blicke hatte er aber auch in Gottes Herz hinein getan!

Mit heiligem Eifer ging Hofacker an die Aufgaben, die in Rielingshausen auf ihn warteten. Er wollte die Zeit nutzen und auskaufen. Es war ein Ahnen in ihm, daß sie kurz bemessen sein würde. Darum wollte er für seinen geliebten Heiland, für den Mann am Kreuz, Beute gewinnen, solange noch Atem und Kraft in ihm war.

Gleich bei der ersten Predigt ihres neuen Pfarrers horchten die Leute von Rielingshausen auf. Es war eine handfeste „klassische" Predigt, die die Hörer nicht im unklaren darüber ließ, daß es unter den Menschen zwei Klassen, zwei Gruppen gibt: solche, die dem Herrn gehören, die das Leben gefunden haben, und solche, die dem Teufel dienen, die im Tode sind, die auf dem breiten Weg dem Verderben entgegeneilen. Die Predigt räumte gründlich auf mit aller Täuschung, mit dem Selbstbetrug und der eingebildeten Christlichkeit. Da wurde geschieden und zur Entscheidung gerufen.

Die Antrittspredigt von Rielingshausen hat in dem bekannten Hofackerschen Predigtbuch keine Stätte gefunden.

Sie ist nicht in ihrer ausgeführten Gestalt, sondern nur in einer Skizze erhalten. Wir wollen einiges daraus hören. Diese Bruchstücke lassen ahnen, von welcher Geistesmacht die gesprochene Predigt getragen war. Der junge Pfarrer legte in sie sein ganzes durch und für seinen Herrn entflammtes Herz hinein.

Der Text·hieß: *So spricht der Herr, der Heilige in Israel und ihr Meister: Fraget mich um das Zukünftige; weiset meine Kinder und das Werk meiner Hände zu mir!* Jes. 45, 11. Und jetzt die Auszüge:

„Der Herr macht hier selbst einen Unterschied unter den Menschen. Er unterscheidet die Werke seiner Hände von seinen eigentlichen Kindern, und genau betrachtet ist dieses auch der einzige Unterschied; *denn die Menschen teilen sich in die zwei Hauptklassen: 1. in Werke der Hände Gottes und 2. in Kinder Gottes.*

Wer sind diejenigen, die der Herr seine Kinder nennt, Kinder des Vaters, aus Gott gezeugt, welchen der Vater seine Natur und Art, sein Wesen mitgeteilt hat, und welche das Leben haben aus seinem Leben, den Geist aus seinem Geist?

Von Natur sind wir nicht mehr Kinder Gottes, sondern Kinder des Zorns, von der Sünde, vom satanischen Element durchzogen. Wenn ein Mensch bleibt, wie er ist, wenn in ihm nicht dasjenige vorgeht, was man *Wiedergeburt* heißt, so ist und bleibt er ein Kind des Zorns und hat keinen Anteil an der Seligkeit noch am Reiche Gottes, sondern er ist ein finsterer Geist und muß einst dahinfahren in der Finsternis seines Herzens in die ewige, undurchdringliche Finsternis, wo Heulen und Zähneknirschen ist.

Ich weiß wohl, daß dieses nicht die Lehre der Neuerer und falschen Propheten ist; denn diese sucht die hochmütigen, leichtsinnigen Menschen nur einzuwiegen in falsche Sicherheit und fleischliche Ruhe, damit sie doch ja nicht zu sich selber kommen, noch bedenken, was zu ihrem Frieden dient. Man hat in neuerer Zeit die unerhörte Lehre aufgebracht, daß alle Menschen von selbst Kinder Gottes seien und von Natur Ansprüche haben auf das Reich Gottes — ja sogar, daß gerade dieses der Hauptvorzug der Liebe Christi sei, daß er alle Menschen ohne Unterschied lehre, Gott sei ihr Vater und sie samt und sonders seine Kinder. — Nein, nein! *So wird vom Heiland das Reich Gottes und das Reich des Teufels nicht mit*=*einander vermengt!* — Ich fühle mich zur Erklärung gedrungen, daß dieses lauter antichristliche, verfluchte Lügen sind, und bezeuge vielmehr vor dem Herrn Jesus das gerade Gegenteil.

Nur wiedergeborene Menschenseelen sind Kinder des lebendigen Gottes — nur solche, die ihr Verderben empfinden, die zu Jesus, dem Gekreuzigten, wie zu der erhöhten Schlange aufblicken (Joh. 3, 14. 15) und von ihm den Frieden Gottes, das Zeugnis der Kindschaft ins Herz bekommen haben, wodurch wir rufen: Abba, lieber Vater! — Ja, nur solche sind Kinder Gottes. —

Sollten wohl auch Seelen dieser Art hier sein? Liebe Seelen! An euch hat mir der Herr einen Auftrag gegeben: ‚Weise meine Kinder zu mir!' Seht, wie zärtlich der große König euer gedenkt! Meine Kinder — gebietet er mir — meine verscheuchten, meine schmachtenden, meine unter so viel Lebensplagen seufzenden Kinder, meine Küchlein, die ich gleich einer Henne unter meine Flügel versammeln will, weise sie zu mir! Ich will sie unter meine allmächtigen Fittiche nehmen und ihnen stets neue Gnaden erweisen. Tröstet, tröstet mein Volk! spricht euer Gott; redet mit Jerusalem freundlich! (Jes. 40, 1, 2.)

Aber auch *das Werk* meiner Hände weiset zu mir! gebietet der Herr. Wer das bisher Besprochene noch nicht erfahren hat, welches Herz noch nichts weiß von der Bitterkeit der Sünde noch von der Freundlichkeit Jesu, der soll darum nicht verzagen. Wem sein Gewissen bezeugt, daß er noch ferne steht vom Reich Gottes, daß er den Heiland noch nicht kennt und liebt, daß er noch auf den Wegen des Unfriedens, des Leichtsinns, der Gottvergessenheit, des Stolzes und Geizes wandelt, der hat zwar hohe Zeit, aufzustehen, in sich zu schlagen und umzukehren, wie der verlorene Sohn; aber verzagen, ob er auch noch ein Gotteskind, ein Erbe der Seligkeit werden könne — das soll er nicht!

Denn Jesus nimmt die Sünder an, und wenn sich ein armer Mensch auch noch so sehr von Gott entfernt hat, so bleibt ihm in der Gnadenzeit noch *der* Zusammenhang mit ihm: *ich bin ein Werk seiner Hände.* Den verlorenen Groschen, dessen Gepräge ganz verschlissen ist, verleugnet doch der heilige Münzmeister nicht, wenn er ihm mit der redlichen Absicht zurückgegeben wird, daß er damit anfangen möge, was er will.

Freilich naht ein Tag, wo er die Ungläubigen schrecklich verleugnen wird, wo er die verunstalteten Münzen, an welchen *sein* Gepräge nicht mehr deutlich ist, und die sich von ihm nicht wollten umformen lassen, in den großen Schmelzofen des ewigen Feuers wirft. Diese Entscheidung kann heute oder morgen über dich kommen. Darum besinne dich! Jetzt noch ist die angenehme Zeit, jetzt währt noch der Tag des Heils; jetzt wird man noch angenommen, jetzt *kann man noch aus einem Werk seiner Hände,* das kein anderes Anrecht an ihn hat, als daß es von ihm geschaffen ist, *ein Kind des lebendigen Gottes werden.*

Dieses durch den Tod Christi erworbene Recht muß und darf hinfort gepredigt werden. — O ihr geliebten Seelen — wohl größtenteils noch ohne den Heiland — und ihr, die ihr zum kleineren Teil ihn schon kennt: ich habe den Auftrag, euch zu ihm zu weisen. Ich soll euch mit Jesus bekannt machen, soll euch nötigen, zu ihm hereinzukommen, soll euch ihn un= aufhörlich aufs neue anpreisen und darin nicht müde werden, solange ein Odem in mir ist. Ich soll euch Jesus predigen, wie sehr er euch liebe, wie er euch suche, wieviel er an euch ge= wendet habe, ich soll euch bezeugen, daß ihr nicht mit ver= gänglichem Silber oder Gold von Gott erlöst seid, sondern mit dem teuren Blut Christi als eines unschuldigen und unbefleckten Lammes. Ich soll euch den Weg zeigen, wie ihr wieder zu eurem Schöpfer und Ursprung, zu dem kommen könnt, in welchem alle Seligkeit ist, und außer dem ,sich das Herze nur naget und plaget und dennoch kein wahres Vergnügen erjaget'.

Ja, dies habe ich euch nach göttlichem Auftrag zu sagen. Das und nichts anderes ist mein Amt; *deswegen bin ich hier, ob ich euer etliche möchte für das Reich Gottes gewinnen und dem ewigen Feuer entreißen* ... Ich will es ausrufen, laut und unaufhaltsam, welch eine große Wohltat sei die gekreuzigte Liebe.

Wem gehören eure Kinder? Niemandem als ihm, dem Kinderfreund! Wohin gehören die Sünder? Zum Sünderfreund! Zu wem gehören die Kranken? Zum Arzt! Zu wem gehören die zerbrochenen Gefäße? Zu ihm, dem Töpfer! Nicht zu menschlichen Heilanden, nicht zu Paulus, nicht zu Petrus, noch zu Apollos; denn diese sind nicht für uns gekreuzigt worden. Weiset sie zu mir! spricht der Gekreuzigte.

Dazu ist nun kein anderes Mittel, als daß ich euch den Heiland selber werde.vor Augen stellen müssen, und zwar in der ewigen Größe seiner Liebe, in der Unendlichkeit seiner Erbarmung, in seiner Hirtentreue bis zum Tode am Kreuz. *Denn wer jemals gerettet worden ist, der ist dadurch gerettet worden; das ist der schmale Weg.* O diese Liebe, diese ewige Liebe durchdringe doch mein Herz, daß ich sie euch Geliebten recht, daß ich sie euch ganz, daß ich sie einem jeglichen ins Herz hineinmalen könnte! Denn wer dieses nicht hat, der hat nichts! Wer aber dieses glaubt und erlangt, der hat alles!"

„Laß mich noch einige Jahre meinen Schrei tun!"

So rief Ludwig Hofacker seinen Herrn an, als er schon kurz nach dem Beginn in Rielingshausen wieder aus= setzen mußte. Mit der Gesundheit haperte es immer noch. Er ging für einige Wochen in ein nahe gelegenes Bad.

Etwas gekräftigt kehrte er in die Arbeit zurück. Er konnte auch in Rielingshausen wieder nichts anderes sein, als was er seiner ganzen Berufung und Veranlagung nach nun einmal war: der Evangelist, der mit der Bot= schaft von der gekreuzigten Liebe Keile in die Herzen und Gewissen treiben wollte. Es ist interessant, wie illu= sionslos nüchtern Hofacker den Zustand des Gebildes, das man Kirchengemeinde nennt, gesehen hat. Für ihn war schon die Kirche seiner Zeit „Kirche in der Missions= situation". Er sagt:

„Wir sehen unsere Gemeinden falsch an. Sie sind meist keine christlichen Gemeinden, sondern Pflanzschulen des Christen= tums. Die allgemeine Kirche ist in gewissem Sinne heidnisch geworden."

Wenn die Dinge so lagen, dann mußte eben kräftig evangelisiert werden. Das tat Hofacker. Die Kirche in Rielingshausen füllte sich rasch. Aus allen Dörfern der Umgebung kamen die Leute herbeigeströmt. Große Trupps anhänglicher Stuttgarter fehlten nicht. Nun be= gannen die Rielingshauser auch zu begreifen, warum sie im Jahre 1811 eine so große neue Kirche hatten bauen müssen. Die faßte nämlich zweimal soviel Leute, als im Dörflein wohnten. 450 Einwohner hatte Rielingshausen, die hatten beim Bau der Kirche tüchtig opfern müssen. Jetzt wurde die Kirche auf einmal zu klein. Große Scharen standen immer noch draußen, wenn Hofacker predigte. Der Dorfvorsteher sah den Zustrom der Fremden erst gar nicht gern. Die würden die schöne Kirche nur ver= schandeln. Aber dann gewöhnte er sich bald daran, zumal es jetzt immer so große Kollekten gab, und die konnte die arme Gemeinde gut gebrauchen.

Die Amtsbrüder der Umgebung neideten Hofacker seine volle Kirche. Denn sie standen oft vor leeren Bänken, weil ihre Gemeindeglieder nach Rielingshausen pilgerten. Hofacker tat wirklich nichts dazu, im Gegenteil, er ver=suchte zu bremsen und ermahnte die Leute, doch zu ihren einheimischen Pfarrern zu gehen. Aber es war so ähn=lich wie bei dem badischen Erweckungsprediger Aloys *Henhöfer:*

Zu dem strömten auch aus dem ganzen Land die Leute, und die Nachbarpfarrer ärgerten sich weidlich. Einer ließ Henhöfer bestellen, er solle sich mit dem Füttern seiner eigenen Vögel begnügen und nicht die anderer Leute auf seinen Futterplatz locken. Dem gab er zur Antwort: „Der liebe Nachbar soll seinen Vögeln besseren Hanfsamen hinstreuen, dann bleiben sie gern zu Hause und kommen nicht über den Hagenschieß (ein Gebirgszug) herüber=geflogen." Es wurde in der Rielingshauser Kirche eben gutes Futter gestreut; kein Wunder, daß die Vögel kamen! Hofacker stellte fröhlich fest:

„Am Sonntag ist Sturm. Stuttgarter und Leute aus der weiten Umgebung strömen hierher. Sie wollen einander er=drücken um das Wort Gottes. Ich predige, was ich selbst brauche: Buße und Vergebung der Sünden, evangelischer als in Stuttgart. Der Heiland gibt's mir. Ich bitte, ich flehe in=ständig: ‚Lasset euch versöhnen mit Gott! Kommt, Sünder, und blicket dem ewigen Sohne ins Herz, in die Nägelmal', unter die Krone!' Das ist meine Hauptpredigt. Ich darf sagen: *ich predige das Lamm, das geschlachtet ist. Das ziehet die Geister. Es ist schade um die vielen Worte, die man auf den Kanzeln macht, die nicht auf ihn gehen.*

Meine Rielingshauser regen sich. Es regt sich, wie wenn die Totengebeine aufstehen wollen. Viele Seelen regen sich, manche haben sich auch schon wirklich erhoben. O die Kraft der Predigt vom Lamme ist unbeschreiblich, herzdurchschneidend!"

Hofacker war im Sommer 1826 nach Rielingshausen gekommen. Seine eigentliche Einführung als Pfarrer der Gemeinde verschob sich wegen seiner Kränklichkeit aber bis auf den 17. Dezember des Jahres, einen Adventssonntag. An diesem Tage gab es einen ungeheuren Andrang von nah und fern. Hofacker hatte eine große Vollmacht und trieb wieder sein Lieblingsgeschäft: den Mann am Kreuz zu rühmen. Der Text seiner Predigt lautete: *Wenn ich er=höht werde von der Erde, so will ich sie alle zu mir ziehen. Das sagte er aber, zu deuten, welches Todes er sterben würde.* Joh. 12, 32. 33. Hier einige Auszüge aus der Predigt:

„Es liegt eine göttliche Anziehungskraft im Kreuz Christi, es ist der große Magnet für die Geister. Das erfährt jeder Jünger Jesu, und wer es noch nicht erfahren hat, der muß es noch erfahren, wenn er zum ewigen Leben hindurchdringen will. Wer auf Golgatha im Geist ankommt, dem wird das Herz genommen, dem wird sein kaltes, totes, steinernes Herz herausgenommen, der kann nicht mehr für sich selber leben, sondern nur *dem*, der für ihn gestorben und auferstanden ist... Wer den Mann am Kreuze gesehen hat, nicht mit Fleisches=augen, sondern mit den Augen des Geistes, der ist wieder=geboren.

Das Lamm Gottes, das geschlachtet ist, muß ins Herz hinein! *Das* macht Menschen Gottes, *das* schafft Liebe, Freude, Friede, Demut, Hoffnung und Geduld. Ja, das Lamm Gottes muß in unser Herz hinein, wie er gesagt hat: Wenn ich erhöht werde von der Erde, will *ich* sie alle zu mir ziehen. Was ist's denn eigentlich, liebe Zuhörer, das die Geister zum geschlach=teten Lamm Gottes hinzieht? Was macht eigentlich diesen ge=heimen Magnet aus? — Antwort: Es sind zweierlei Dinge, welche das Herz des Sünders zu dem ge=kreuzigten Christus hinziehen, fürs erste: un=sere große Not — fürs andere: seine unendliche Liebe.

O liebe Zuhörer, wo einmal in einem Herzen die Not, die furchtbare Sündennot recht offenbar geworden ist, da kann man sein Auge nicht mehr auf diese arme, trostlose Welt und deren Eitelkeit richten, da hebt man das Auge mit großer Sehnsucht zu den ewigen Bergen auf, von welchen unsere Hilfe kommt, da flieht man zu den Wunden, die uns aus=gesöhnt haben. Wenn einem die Hölle — daß ich so sage — unter den Füßen brennt, *das* treibt zum Heiland, das macht einem Füße! Man kann nicht mehr ruhen, bis man bestimmt weiß: dieses Blut ist auch für mich geflossen, diese Wunden sind auch für mich geschlagen, sein ganzes Verdienst ist mein, auch ich bin sein Lohn, auch ich bin erkauft, nicht mit ver=gänglichem Gold oder Silber, sondern mit dem teuren Blut des unschuldigen Lammes Gottes.

Wenn aber unsere Not nicht so groß wäre, als sie wirklich ist, so sollte doch wenigstens die *Liebe,* die sich am Kreuz des Sohnes Gottes geoffenbart hat, uns zu ihm hinziehen. Höret das große, erstaunliche Wort, das im Himmel den Lobgesang aller vollendeten Gerechten in alle Ewigkeiten ausmacht:

Der Schöpfer aller Dinge ist Mensch geworden, Fleisch von unserm Fleisch, und hat sich für die verlorene Kreatur gleich dem ärgsten Missetäter ans Kreuz nageln lassen. Er ist zum Spott seiner Feinde geworden. Er hat sogar rufen müssen in, unaussprechlicher Seelenangst: Mein Gott, mein Gott, warum hast *du* mich verlassen? Und das alles aus *Liebe* zu einem *verdammten, verlorenen* Geschlecht — das alles für uns, für mich und für dich, lieber Zuhörer!

Wer dieses betrachtet, wer hierüber nachdenkt, der muß von Stein sein, wenn es ihn ohne Eindruck lassen, wenn es ihn nicht ziehen und bewegen kann, wenn es in ihm nicht eine Neigung erweckt, *den* zu lieben, der ihn zuerst geliebt hat. — Siehe her, o Mensch! Da hängt dein Schöpfer und Gott in Menschengestalt zwischen Himmel und Erde! Er liegt im Todes= staub! Er ist in die tiefste Tiefe hinabgestoßen, erniedrigt bis zur innersten Todesqual! Und das alles *für dich,* um deine verfluchte Seele von der ewigen, höllischen Finsternis zu erretten!

O bedenk es wohl: Es ist wahr, was der Heiland sagt: ‚Erhöht!' Denn *so hoch ist Jesus nirgends wie am Kreuz.* Nicht seine Auferstehung, nicht seine Himmelfahrt macht ihn groß; denn dies ist ihm alles natürlich. Aber daß er ein Wurm ward um *meinetwillen,* das zieht an, das macht Ehrfurcht und Liebe. Das macht, daß die Seele zu ihm sagt:

> Du bist's wert,
> Lamm, für deine Todesmüh',
> daß dich jeder Blutstropf' ehre,
> daß das Herz nach dir nur glüh',
> jeder Pulsschlag dein begehre
> und die ganze Seele für und für
> hang' an *dir!*

Was hat sich nun ein evangelischer Lehrer hieraus zu merken? *Das,* meine Geliebten, daß er das Kreuz Christi predige, so= lange ein Atem in ihm ist, daß er den Seelen Jesum, den Gekreuzigten, vor Augen male. *Das hat er sich zu merken, daß es sein Hauptgeschäft sein soll, auf das Lamm Gottes hinzu= weisen* und die Seelen zum Gekreuzigten einzuladen, ob viel= leicht einige sich fänden, die darauf achteten und sich an= schickten, ein Schmerzenslohn Jesu zu werden. Es ist schade für jedes Wort, das nicht von diesem großen, seligen Thema handelt. Würde auch meine Zunge ein anderes Evangelium predigen als dieses, so wäre sie nichts anderes wert, als daß sie mir aus dem Munde geschnitten würde.

Dies war von jeher die Lehrart aller lebendigen Zeugen Jesu. Schon Johannes, der große Rufer, dann Paulus in seinen Episteln an die Römer, Korinther, Galater, dann Johannes in seiner Lobpreisung des reinigenden Blutes Christi, sie deuten auf ihn, den Gekreuzigten, und *so* alle, die seit achtzehn Jahr= hunderten wahre Knechte gewesen sind. *Sein Leiden und Ver= söhnungstod ging ihnen über alles,* und auch im Himmel ist nur dieses der höchste Text zu den ewigen Psalmen. Ich weiß freilich wohl, daß das Wort vom Kreuz Christi der Welt eine törichte, ärgerliche Predigt ist; aber ,da die Welt in ihrer Weisheit Gott in seiner Weisheit nicht erkannte, gefiel es Gott wohl, durch törichte Predigt selig zu machen die, so daran glauben'. Und dieses will auch ich nach meiner Schwachheit tun. Davon will auch ich zeugen, so gut ich's vermag, bis zu meinem letzten Atemzug. Bei diesem Grunde will ich bleiben, solange mich die Erde trägt."

Hofackers Predigten gingen vielen durch Herz und Ge= wissen. Aber auch auf andere Weise wirkte sein Zeugnis mächtig in die Gemeinde hinein. In Rielingshausen be= stand, als er in die Gemeinde kam, wie auch anderswo die schändliche Unsitte, daß die Hochzeiten mit großem Lärm und Gepränge gefeiert wurden. Sie arteten in Sauf= und Tanzgelage und andere schlimme Dinge aus. Das war dem neuen Pfarrer ein Dorn im Auge. Die Leute ge= hörten am Hochzeitstag in die Stille und unter die Zucht Gottes. Er ist der Unsitte zu Leibe gegangen und hat sie tatsächlich ausgerottet. Das hätte so wie er kein anderer fertiggebracht.

Kurz nach seinem Einzug in Rielingshausen meldete sich ein Brautpaar zur Trauung an. Hofacker bat die jungen Leute, eine stille christliche Hochzeit zu feiern und von den üblichen Belustigungen abzusehen. Aber sie erklärten, ihre Eltern hätten alles vorbereitet, und es ließe sich nun nichts mehr ändern. Hofacker bat die Eltern zu sich und machte ihnen Vorhaltungen. Es fruchtete nichts. Da erklärte er: „Gut, hiermit habe ich euch gesagt, was zu sagen war. Ihr tut dennoch, was ihr tun *wollt.* So werde ich tun, was ich tun *muß!"*

Der Hochzeitstag war gekommen. Von der Kirche sollte es mit Musik gleich auf den Tanzboden gehen. In seiner Trauansprache stellte Hofacker zwei Möglichkeiten heraus: man kann den Ehestand im Namen Jesu und im Namen des Teufels beginnen. Er sprach darüber nun nicht allge= mein und grundsätzlich, er wurde schnell ganz praktisch. Das Brautpaar bekam Worte zu hören, die an Deutlich= keit wirklich nichts zu wünschen übrigließen:

„Daß ihr von der Kirche aus sofort auf den Tanzboden gehen und viele Gemeindeglieder in euern Leichtsinn hinein= ziehen wollt, das könnt ihr offenbar nicht im Namen Jesu tun, welcher nicht von der Welt war. Euer Gewissen sagt euch, daß es sich hier um nichts, was ihm wohlgefällt, sondern um Augenlust, Fleischeslust und hoffärtiges Wesen handelt, also um den Geist der Welt, die im argen liegt, und womit man nur ihrem Fürsten einen Gefallen tut. Somit fangen die Ehe= leute ihren Ehestand im Namen des Satans an, und ihre Eltern, nebst dem Wirt und den Musikanten, ja samt allen, die an diesen Ausschweifungen teilnehmen, helfen ihnen dazu.

Ich erhebe hier als Zeuge des Herrn feierlich meine Hand wider euch und bezeuge, daß ihr an allem Ärgernis, an allen Verführungen, die in eurem Sündengewühl geschehen, ja an allem Jammer, der die Verführten in der Ewigkeit treffen wird, schuldig seid. Diese Hand werde ich vor dem Richterstuhl eures Königs erheben und ihm sagen: Herr, ich habe es ihnen in deinem heiligen Namen gesagt, aber sie haben nicht gewollt, sondern haben dem Satan lieber Gehör gegeben als dir und deinem heiligen Evangelium."

Solch eine Sprache hatte man in Rielingshausen noch nicht gehört! Hatte Ludwig Hofacker es dieses Mal nicht zu arg gemacht? Sein Bruder, der die Ansprache mit zit= terndem Herzen mitangehört hatte, sagte ihm hinterher, daß es ihm so vorgekommen wäre. Gott aber bekannte sich zu diesem mutigen Zeugnis seines Knechtes. Schon während der Ansprache schlich einer der Brautväter hinaus und bestellte den Musikanten, daß sie nicht vor der Kirchentür erscheinen sollten. Der Dorfvorsteher kam hinterher, um sich persönlich zu vergewissern, daß bloß keine Musik gemacht würde. Als die Trauung aus war, stob der ganze Hochzeitszug auseinander, so waren die Gewissen erschüttert. Die wenigen Paare, die zum Tanz

gingen, boten ein klägliches Bild; der Wirt und die Braut=
leute hatten nur Schaden. An diesem mächtigen Schwert=
schlag starben alle Hochzeitslustbarkeiten in Rielings=
hausen. Fortan ging es bei Hochzeiten still und züchtig zu.

Die Mutter stirbt

Hofackers armer, gequälter Leib kommt auch in
Rielingshausen nicht für lange zur Ruhe. Das im Körper
herumschleichende Gift sucht sich einen neuen Ausweg.
Am Ringfinger der linken Hand entsteht ein ständig
fließendes Geschwür. Hofacker stemmt sich gegen die
Krankheit und versucht, seinen Amtspflichten nachzu=
kommen. Ein halbes Jahr lang schleppt er sich mit dem
wunden Finger herum. Dann setzen ihm die Ärzte zu,
er müsse sich den Finger abnehmen lassen. Dagegen
empört sich vor allem die Mutter. Sie hat ihren Jungen
in all den Jahren genug leiden sehen; soll das denn gar
kein Ende nehmen? Aber ihre Einwände helfen nichts.
Die Ärzte setzen die Operation durch, und am 24. Fe=
bruar 1827 wird der Finger entfernt.

Die Folge ist eine langwierige Schwächung des Körpers,
so daß Hofacker nur wenig arbeiten kann. Wie er auch
diese neue Prüfung aus der erziehenden Hand Gottes zu
nehmen bereit ist, zeigt ein Brief an einen Freund:

„Ich bin ein kranker Mann. Wäre aber mein Finger nicht
zuletzt abgeschnitten worden, so hätte ich wahrscheinlich kein
Zeugnis von Jesus Christus mehr in dieser Welt abgelegt.
Nunmehr geht's besser; ich hoffe zu seiner Zeit wieder arbeiten
zu können. Das gehört eben so in meinen Lauf, es gehört zu
meinem Ungehorsam, zu meiner Untreue gegen den Heiland,
zu dem enormen Zulauf zu meinen Predigten, damit ich *mich
nicht überhebe*. Dazu gehören diese Laugen."

Die Not, die der hinfällige Leib Hofacker macht, ist
nicht alles, was Gott ihm an Schwerem in Rielingshausen
zuteilt. Das Elend mit dem kranken Bruder Max, der mit
nach Rielingshausen übergesiedelt ist, wird immer schlim=
mer. Seine Geisteszerrüttung nimmt zu. In rührender

Treue sorgt Ludwig für ihn. Aber es ist oft ein rechtes Kreuz, solch einen Menschen unter dem Dache zu haben.

Gut, daß die Mutter da ist! Sie ist auch in Rielings= hausen die nimmermüde Haushälterin und Pflegerin. Sie bleibt Ludwigs nüchterne Seelsorgerin. Wenn sie die Scharen sonntags zur Kirche strömen sieht, die ihren Sohn hören wollen, dann gibt sie ihm vor der Predigt ein Pülverchen gegen den Hochmut ein, etwa mit folgenden Worten: „Ludwig, es ist noch nicht aller Tage Abend. Du bist und wirst deiner Sache im Predigen auch noch nicht so gewiß. Wer weiß, ob du nicht einmal ganz stecken= bleibst, ohne den Faden deines Sermons wiederanknüpfen zu können, und dann mit Schanden von der Kanzel heruntersteigen mußt!"

Als sie einmal die vertrauliche Liebe sieht, in der Ludwig mit einem seiner Freunde umgeht, da meint sie: „Das ist ja eine Liebe und Herzlichkeit zwischen euch beiden! Aber wie, würdet ihr wohl auch so gute Freunde bleiben, wenn ihr als Prediger ganz nahe beieinander wohntet und Nachbarn wäret? Wenn dann der eine mehr Beifall fände als der andere? Nun, mein Ludwig, wenn der Freund eine vollere Kirche hätte als du — würdest du dich neidlos freuen, oder ginge dir das nicht vielmehr sauer genug ein?"

Noch eine Probe der nicht im geringsten zimperlichen mütterlichen Seelsorge! Ludwig ist eines Tages in weh= mütige Gedanken versunken. Er jammert über sein Zu= rückbleiben im Christentum. Er gesteht der Mutter, er habe gerade an die großen Gottesmänner der Vergangen= heit gedacht, an Luther, Spener, Francke. Was seien das doch für herrliche Zeugen ihres Gottes gewesen! Und wer sei er denn neben ihnen? Am liebsten möchte er gar keine eigenen Predigten mehr machen, sondern bloß noch das weitergeben, was diese Männer gesagt und geschrieben hätten. Die Mutter hat die Antwort auf solches Wehklagen gleich zur Hand: „Weißt du, woher deine Wehmut kommt? Nur aus deinem verfluchten Hochmut! Der Pfarrer Hofacker ist verdrießlich darüber, daß er sein liebes Ich nicht in dem großen Bild eines Luther, Spener und Francke bespiegeln darf!"

Hofacker hat sich solche Zurechtweisungen von der Mutter immer gern gefallen lassen. Er schätzte ihren nüchternen Sinn sehr; er wußte, daß alles, was sie sagte und tat, auch wenn es einmal herb und derb ausfiel, immer aus der großen Liebe stammte, in der sie an ihrem Sohn hing, und die für ihn Lebenselement war. Darum war das ein Schlag, der seinen Lebensbaum bis ins Mark traf, als Gott diese seine Mutter ihm von der Seite nahm.

Die Mutter war in den letzten Jahren unter mancherlei Anfechtung dahingegangen. Die Sünden der Vergangenheit wollten gegen sie aufstehen und ihr die Heilsgewißheit verdunkeln. Was ihr an Versäumnissen in ihrer Ehe einfiel, machte ihr besonders viel zu schaffen. Ludwig und andere Christen, die sie besuchten, sprachen ihr aus dem Worte Gottes Trost zu, dann wurde sie erquickt. Aber die Nöte kamen wieder. Unter viel Tränen tat die Mutter beständig Buße über die Verfehlungen ihres Lebens. Einige Male sprach ihr der Sohn unter Handauflegung eine Verheißung und einen Segen zu, dann wurde sie froh und still. Doch das Triumphierende gewann ihr Glaube nicht. Sie sehnte sich nach bleibender Gewißheit. Noch an ihrem letzten Lebensmorgen sprach sie mit Abscheu von den ungewissen Geistern, vor denen der selige Pfarrer Flattich eine todkranke Frau einmal gewarnt hatte: „Sorge du nur, daß du nicht unter das Flattergesindel kommst! Verschaff dir die Gewißheit des Heils!"

Ein Himmelfahrtstag war der Mutter letzter Erdentag. Erinnern wir uns, daß das Himmelfahrtsfest ihr Lieblingsfest war? Dann gedachte sie an den zur Rechten des Vaters erhöhten Herrn und freute sich darüber, daß man mit allen Anliegen und Bitten zu ihm kommen dürfe. Wie sie an ihren Kindern hing und um ihr inneres Leben besorgt war, zeigt folgender Auszug aus ihrem letzten Brief an zwei ihrer Söhne, die in der Ferne weilten. Sie schrieb ihn am Morgen jenes Himmelfahrtstages 1827:

„Ich grüße Euch an diesem Tage, welchen Gott mich zu meinem großen Dank noch in dieser Welt feiern läßt, und erbitte für mich und die Meinen die Gabe des Heiligen Geistes für Zeit und Ewigkeit. Lieber Wilhelm, Du beschäftigst meine Seele wachend und träumend viel. Daß Du dem Abgott ‚Gelehrsamkeit' zu viel zu huldigen in Gefahr bist, bin ich überzeugt, und es ist mir ein Anliegen, daß doch die Weisheit von oben über Dich kommen und die Blendwerke der Vielwisserei von Dir nehmen möchte, weil ich Deine leibliche und geistliche Gesundheit in Gefahr glaube. Der Herr wolle sich unter uns offenbaren! Ich grüße Euch herzlich."

Niemand dachte daran, daß die Mutter dem Tod so nahe sei. Im Gegenteil, Ludwig war guter Zuversicht, daß die Mutter, die eine längere Krankheit hinter sich hatte, diese nun glücklich überwunden habe und ihm von Gott noch länger gelassen werde. Wie ein zermalmender Donnerschlag wirkte darum ihr plötzlicher Tod am Nachmittag jenes Tages. Wehmütig gab er ihr das Zeugnis:

„Meine Mutter ist kein gewöhnlicher Geist gewesen, schon von Natur, in ihrer letzten Zeit aber sonderlich noch mehr durch die Zucht des Geistes. Ich freue mich, bis ich sie wieder umarmen kann. Sie hat sich besonders meiner mit unbeschreiblicher Liebe angenommen und mich mehr als mütterlich versorgt."

Wie leer war das Haus jetzt, dessen Seele die Mutter mit ihrer Liebe gewesen war! Nun blieb Ludwig mit dem geisteskranken Bruder Max allein darin zurück. Eine Tante besorgte fortan den Haushalt.

In der großen Vereinsamung war es ein rechter Trost für Hofacker, daß er wieder mehr arbeiten konnte. Er durfte sich einer besonderen Aufgabe zuwenden: einige seiner Predigten für den Druck vorzubereiten. Damit legte er den Grundstein zu dem gesegneten Hofackerschen Predigtbuch, das Auflage über Auflage erlebte, und von dem Ströme des Segens in alle Welt hinausgeflossen sind.

Die letzte Predigt

Erst am 5. August 1827 stand Hofacker wieder auf der Kanzel. Monatelang hatte er die gesamte Arbeit in der Gemeinde einem Vikar überlassen müssen, der wohl ein leiblicher Verwandter von ihm war, aber von seinem Geist nichts hatte. Doch begann der Herr auch an ihm sein Werk und brachte ihn schließlich zum heilsfrohen Glauben. Hofacker hatte von seiner Vollmacht nichts verloren. Noch immer zündeten seine Predigten und zogen die Leute herbei. Das alte Feuer des Geistes schien klarer und geläuterter.

Zwei Aufgaben lagen dem Pfarrer von Rielingshausen noch besonders am Herzen. Es war ein so feiner Jung=männerkreis entstanden, an dem er viel Freude hatte. Er sang mit seinen Jungen und trieb mit ihnen Bibelarbeit.

Und dann war Hofacker darauf aus, die „Stunden=halter" im Dorf biblisch zu schulen. Wie überall im Schwabenland gab es auch in Rielingshausen häusliche Erbauungsversammlungen. Sie waren dem Pfarrer sehr recht; aber die Leute, die dorthin gingen, sollten kein leeres Geschwätz hören, sondern gute biblische Kost bekommen. Darum diese Vertiefungsstunden, die dankbar aufgenommen wurden, und an denen über den Kreis der am Wort Dienenden auch andere Männer der Gemeinde sich beteiligen konnten. Hofacker selber war seiner Anlage und Führung nach Evangelist, aber er sah auch die Notwendigkeit, daß die Bekehrten biblisch gefördert und gefestigt wurden. Für Jesus gewinnen und in der Nachfolge weiter führen — auf diese beiden Dinge kam es ihm an. Er sagt darüber:

„Was tun wir als Pfarrer, und wofür heißen wir Diener Christi, wenn wir uns seiner Schafe, die seine Stimme hören, nicht annehmen? Die *Gestalt und Einrichtung unserer Kirche in unserer Zeit macht uns je länger je mehr zu Missionaren.* Was ist unsere Sache, was ist unser Geschäft, wenn wir uns der Erweckten nicht annehmen? *Wie können wir jemandem zumuten, daß er sich bekehre, wofern er, wenn er's tut, keine weitere Pflege von uns genießt?"*

Hofacker spürte, wie seine Kräfte nachließen. Auch beim Predigen merkte er's. Nicht nur das Halten der Predigten wurde ihm bisweilen sauer, auch in der Vor= bereitung ging es nicht mehr so fließend wie in Stuttgart. Der Inhalt seiner Predigten aber war und blieb herrlich evangelisch. Ja, Hofacker wuchs immer noch tiefer in das Verständnis des Herzstücks des Evangeliums, der Recht= fertigung des Sünders, des *Christus für uns*, hinein. An und bei sich selber entdeckte er lauter Schwachheit, sein eigener Glaube kam ihm oft so armselig, gar nicht froh und gewiß genug vor. Nein, er hatte gar nichts vor Gott zu bringen als das Verdienst seines Heilandes, als ihn selber, als ihn allein:

„Wenn ich meinen Gang betrachte, so ist unaussprechlich viel Ursache zum Schämen, zum Bekennen, zum Beugen da. Zwar vor allerlei geistlichen Höhen werde ich wohl bewahrt; *denn bei mir handelt es sich immer darum, ob ich in die Hölle komme oder nicht.* Dies ist abends meine tägliche Frage, die jedoch meistens durch den Glauben an das Verdienst Christi, *durch den Glauben an die pure, lautere, freie Gnade* zu meiner Beruhigung entschieden wird. Allein über diese Frage und diesen Glauben komme ich nicht, nämlich nicht zu einem freudigen, völlig durchgebrochenen Glauben.

Es geht gegenwärtig schwach bei mir her; es ist noch viel Ungebrochenes in mir, das sich nicht unter die Gnade beugen will, noch manches, worüber mir erst noch Buße geschenkt werden muß. Der Heiland wird sein Werk tun, ich hoffe auf ihn. *Wenn ich müßte auf Christum in uns meine Zuversicht bauen, so wäre ich verloren. Das aber freut mich, daß das Blut Christi und seine Gerechtigkeit gilt und für mich spricht ohne mein Zutun. Was werde ich bringen können, wenn ich zu dir komme, mein Heiland? Verleugnungen, Kämpfe, Gebetskraft, Treue, Liebe, Glauben? Nein! Ich kann nichts bringen als dich. Wenn dein Auge dann in Gnaden auf mich sieht, so bin ich geborgen.”*

Es kam das Osterfest des Jahres 1828. Da stand Hofacker zum letztenmal auf der Kanzel. Das ahnten aber weder er noch seine Hörer. Er legte ein kraftvolles Zeug= nis vom todüberwindenden Heiland ab. Das wollen wir in Auszügen hören:

„Wie bejammernswürdig sind wir armen Menschen, daß wir

sterben müssen! Denn was heißt sterben? Geht hin auf einen Gottesacker und sehet da die schreckliche Gestalt des Todes! Wir sind nun alle hier beisammen, wir können gehen, sitzen und stehen, wir können uns bewegen. Nach fünfzig Jahren wird es mit den meisten von uns ganz anders sein. Da wird diese Hand, die ich hier ausstrecke, schon lange verfault sein. Vielleicht ist kein Knochen mehr von ihr vorhanden, vielleicht ist alles Staub und Erde geworden. Unsere Nachkommen werden auf unseren Staub treten und es nicht wissen, daß sie darauf treten.

Ist das nicht schrecklich? Ist es nicht entsetzlich, daß dieser Leib, der eine Behausung eines vernünftigen Geistes und ein Tempel Gottes ist, aus welchem doch noch etwas vom Bilde Gottes herausscheint, ob wir es gleich verloren haben, ist es nicht schrecklich, daß dieser Leib soll also vergehen, soll verwesen, soll ein stinkendes Aas werden, das man aus der menschlichen Gesellschaft entfernen muß, bis er endlich ein Häuflein Staub ist, das der Wind auseinanderwehen kann? O gewiß, das ist eine schreckliche Macht des Todes!

Und weiter: durch den Tod geht die Trennung des Leibes und der Seele vor sich. Im Sterben trennen sie sich. Welch ein schrecklicher Prozeß! Mit welchen Kämpfen, mit welchen tiefen Leiden ist das meistens verbunden, wie es denn nicht anders sein kann! Aber das, was ich bis jetzt angeführt habe, ist nicht das Ärgste, sondern das ist das Ärgste, daß es dem Menschen gesetzt ist, einmal zu sterben, *darnach aber das Gericht!* Diese Wahrheit ist uns ins Herz geschrieben. Diese Wahrheit predigt einem jeden Menschen sein Gewissen, und das Wort Gottes sagt ja und amen dazu. Was wäre es, wenn dieser Leib zuschanden ginge, was wäre es, wenn der Geist sich auch unter schweren Kämpfen von seiner Hütte losmachte, was wäre das Sterben, wenn kein Gericht nach dem Tode auf uns wartete? Man könnte sich endlich noch darüber fassen und trösten. Man könnte denken: es geht ja keinem besser, ich will mich auch in diesen Weg schicken.

Aber nun ist es gar anders: darnach das Gericht! Was für ein Gericht? Das Gericht Gottes, nicht das Gericht eines Menschen, den man betrügen, vor dem man heucheln, den man anlügen kann, sondern das Gericht des allwissenden, des heiligen, des gerechten, des wahrhaftigen Gottes, des Gottes, der sein nicht spotten läßt, des Gottes, der Herzen und Nieren erforscht, und der einem jeden geben wird nach seinen Werken ohne Ansehen der Person. Auf tausend können wir ihm nicht eins antworten. Zur Hölle müssen wir alle fahren. Das würde auf uns alle warten, wenn Christus nicht gekommen wäre. Denn das wartet nach dem Tode auf die Menschen, wenn sie ohne Christus sterben. Der Tod ist für sie der finstere Übergang zum Gericht, zur Ernte dessen, was sie gesät haben, zur Vergeltung dessen, was sie gedacht, geredet, getan haben. Das macht den Tod erst zum Tode, das macht ihn erst bitter; denn der Stachel des Todes ist die Sünde.

Lieber möchte ich ein Pferd sein, das man in seinem Karren zu Tode schindet, lieber ein Stier, den man mästet auf den Schlachttag, als ein Mensch, der im Tode keinen Heiland hat. Aber Christus ist gekommen, Christus ist gestorben, Christus ist auferstanden und hat dadurch dem Tode die Macht genommen und Leben und Unvergänglichkeit ans Licht gebracht. Dem ganzen Werk der Versöhnung hat seine Auferstehung das Siegel des göttlichen Wohlgefallens aufgedrückt. Durch die Auferweckung Christi von den Toten hat Gott feierlich erklärt, daß das Opfer, das Jesus dargebracht, ihm wohlgefällig sei, daß er es gelten lasse in alle Ewigkeit, daß das Werk der Versöhnung, nach allen Rechten der Gerechtigkeit Gottes vollbracht, von ihm angenommen und darum eine ewige, göttliche, unumstößliche Kraft und Wirkung habe an allen armen Sündern, die durch das Verdienst des Sohnes gerecht werden wollen.

Nun erkennet doch, liebe Seelen, welch eine von Gott selber versiegelte, welch eine ewige Erlösung erfunden ist! So gewiß Christus von den Toten auferstanden ist, so gewiß sind alle diejenigen, die an ihn glauben, frei von ihren Sünden, so gewiß haben sie Vergebung derselben und ewiges Leben. Was kann nun den Gläubigen der Tod noch schaden? Nun weiß und glaube ich, daß die Kraft des Verdienstes Jesu so groß ist, daß ich, obgleich ein schnöder Sünder, doch nicht im Tod verlorengehe, sondern Leben habe, ewiges Leben bei dem Herrn allezeit.

Und ich weiß noch mehr. Auch unser Leib wird leben. Es kommt der große Tag für die Gläubigen, da wird der Staub leben: ‚Es wird gesät verweslich und wird auferstehen unverweslich. Es wird gesät in Unehre und wird auferstehen in Herrlichkeit. Es wird gesät in Schwachheit und wird auferstehen in Kraft.' Dazu ist die Auferstehung Christi das Vorbild gewesen. Was sollte nun ein Christ noch fürchten? Er stirbt ja nicht, sein Elend stirbt nur, und dann steht er da in der neuen Natur.

Und nicht nur das – auch die Kreatur wird daran teilhaben. Auch die Kreatur ist unterworfen der Eitelkeit, dann aber wird sie frei werden von dem Dienst des vergänglichen Wesens zu der herrlichen Freiheit der Kinder Gottes. Schon jetzt hat die Erde die große Ehre, daß sie die Leiber der Christen, die Tempel des Heiligen Geistes, in sich aufnehmen und bewahren darf für die Auferstehung. Dies ist das Angeld auch für ihre Erneuerung."

Letzte Wegstrecke und Heimgang

Diese Osterpredigt war Hofackers letztes öffentliches Zeugnis auf seiner geliebten Rielingshauser Kanzel. Bald hinterher ging es mit seinem armen, gequälten Leib endgültig auf den Weg des Sterbens. Zuerst befiel ihn eine bedenkliche Brustfellentzündung, als deren Folge die Füße anschwollen. Er fuhr noch zur Erholung nach Stuttgart, mußte aber vorzeitig heimfahren, weil die Gefahr drohte, daß er in Kürze nicht mehr reisefähig sein würde. Dann brach die letzte, zum Tode führende Krankheit mit Macht aus: die Wassersucht.

Ende Juni 1828 besuchte Albert *Knapp* zum letztenmal seinen Freund Ludwig Hofacker. Er soll uns berichten, wie er zu ihm reiste, wie er ihn antraf, und wie sein Anblick ihn erschütterte:

„Ich besuchte meinen vielgeliebten leidenden Freund, den ich seit zwei Jahren nicht mehr gesehen hatte, von Stuttgart aus zum letztenmal. Welch eine Veränderung war mit diesem einst so blühenden, von Lebenskraft überwallenden Manne vorgegangen! Zwei Jahre vorher hatte er noch voll des heitersten Humors und über unser Wiedersehen herzlich vergnügt neben mir gesessen, als ich ihn kurz vor seinem Abzug nach Rielingshausen besuchte. Jetzt saß er bleich, mit eingefallenem Angesicht und matten, halberloschenen Augen, beklommener Brust und dick geschwollenen Füßen vor mir im Lehnstuhl, mit sanfter, beinahe heiserer Stimme mich willkommen heißend.

So hatte ich mir meinen geliebten Louis nicht vorgestellt, als ich mit einem Stuttgarter Freund unter lachendem Sommerhimmel und durch prangende Fluren hin Rielingshausen entgegenfuhr, wo uns, je näher wir dem Orte kamen, die Leute mit um so milderen und freundlicheren Augen begrüßten, so daß wir zueinander sagten: ‚Was gilt's? Diese sind von Rielingshausen, Schafe von Hofackers Herde!‘ Es befand sich auch also.

Als ich aber den Hirten dieser Schafe, den lebensmüden, im Schmelztiegel des Elends sitzenden Freund meiner Jugend wiedersah, konnte ich mich der tiefsten Bekümmernis nicht erwehren. Tränen entstürzten meinen Augen, und ich konnte ihn lange nur schweigend anblicken.

,Gelt', sagte er, ,es ist ein anderes mit mir geworden? So weit bin ich heruntergebracht und liege nun wie Lazarus in des Heilandes Händen da!' Ich mußte mich immer nur erholen und erst an seinen Anblick gewöhnen, der so außerordentlich verändert war. Dann aber wurde mir auch jedes noch so einfach hingeworfene Wort seines Mundes zum Segen, und ich fühlte tief, was es ist, sich in keiner Weise, wie Paulus sagt, auf das Fleisch zu verlassen, sondern im Geiste zu leben und, auch bei Zertrümmerung der irdischen Hütte, *ein* Geist mit dem Herrn zu sein. Was Hofacker damals mit mir sprach, war durchaus ohne Schmuck, aber von der Art, daß man schon damals fühlte, wie nahe er der ewigen Heimat stehe . . ."

Im Gespräch, das die beiden Freunde miteinander führten, kam die Rede auch auf die vernunftstolzen Philosophen und Theologen, die sich ständig am einfachen Evangelium ärgerten und mit ihrer antichristlichen Weisheit soviel Schaden anrichteten. Mannhaft trat der Kranke für die ungeschmälerte Ehre seines Heilandes ein:

„Diese Ärgernisse des Hochmuts kommen bloß von trunkenen, der wahren Selbsterkenntnis ermangelnden Geistern her, insonderheit aber von einem völligen Mangel an *Gottesfurcht*, dieser Grundbedingung aller haltbaren göttlichen Weisheit. Sie werden im Feuer des Gerichts wie Stroh erfunden. *Was wollen die elenden Burschen, diese mausigen Rezensenten des großen Heilandes?* Der Herr wird ihnen samt ihrer Philosophie einmal ordentlich den Garaus machen. Wenn man so dasitzen muß wie ich, und es ist einem alles übrige abgeschnitten, und man ist um Trost so bange, dann ist man an einem Heiland froh, und dann lernt man wissen, an wen man glaubt."

Eine seltsame Kirchenvisitation wurde in jenem Juni 1828 in Rielingshausen durchgeführt. Der Dekan von Marbach, ein alter, wassersüchtiger Mann, der nur noch am Arm

eines Führers dahingehen konnte, visitierte den wasser=
süchtigen Pfarrer von Rielingshausen, der bloß noch wenige
Schritte an einem Stock durchs Zimmer humpeln konnte.
Der dritte im Bunde war ein wassersüchtiger Schulmeister.
Der Dekan und der Pfarrer erkannten sich als Todes=
kandidaten und gingen in großer Liebe miteinander um.
Beide starben noch im selben Jahr, und der Schulmeister
folgte ihnen ein Jahr später nach.

Hofacker wußte schon länger, daß das Sterben keine
Kleinigkeit ist. Darum gefielen ihm jene Leute gar nicht,
die an ihm sehen und sich erbauen wollten, wie gelassen
und triumphierend er in seiner Heiligkeit dem Tod ent=
gegengehe. Der Pfarrer Hofacker war ja gar nicht der in
seiner Heiligkeit sichere und geborgene Mann, für den
manche törichten und redseligen Besucher ihn hielten. Er
kam sich vielmehr elend ausgezogen und armselig vor,
er mußte noch durch viel Anfechtung und in tiefgehende
Buße hinein. Ja, er erlebte einen totalen geistlichen
Bankrott, wenn er seinen Weg und sein Werk überdachte.
Alten Christen, die ihn besuchten, bekannte er ganz offen
seine Not.

Darum war lange nicht das in ihm, was man Sterbens=
freudigkeit nennt. Er stand noch einmal vor der nackten
Frage, ob er denn überhaupt in den Himmel komme. Ver=
dient habe er die Hölle taüsendmal. Er bat den Herrn um
den Glauben, der sich unter Absehen von allem mensch=
lichen Verdienen und Versagen kindlich an den Heiland
und seine Versöhnung zu klammern wage. Er wollte
gewiß werden, völlig gewiß, daß der *Zuspruch der Recht=
fertigung* auch ihm persönlich gehöre.

„Vor allem muß ich wissen, ob ich elender Mensch an=
genommen werde. Solange es sich bei mir erst um die Hölle
oder um den Himmel handelt, kann ich mich auf keine Heili=
gung einlassen. Will mir aber hernach, wenn ich darüber im
reinen bin, der Heiland auch noch etwas von seiner Heiligung
schenken, so will ich's mit Dank annehmen."

Nein, es ging zunächst gar nicht hochgestimmt und
siegesgewiß bei Hofacker zu. Manchmal konnte er sich

einer gewissen unbehaglichen, schroffen Mißlaune hin=
geben, ein anderes .Mal vernahm man von ihm einen
Scherz, der gar nicht mit den Anfechtungen sich zu=
sammenreimte, die ihn quälten. Aber durch alles hin=
durch führte ihn sein Herr zu großer und tiefer Gewiß=
heit. Was er sein Leben lang gerühmt hatte, das allgenug=
same Verdienst Jesu Christi, daran lernte er sich einfältig
halten. An den allereinfachsten Grundwahrheiten des
Evangeliums freute er sich am meisten. Einen alten, er=
fahrenen Christen fragte er, ob er für ihn keine Neuigkeit
aus dem Evangelium habe. Der bejahte das und sagte den
Spruch her: „Das ist gewißlich wahr und ein teuer wertes
Wort, daß Christus Jesus in die Welt gekommen ist, die
Sünder selig zu machen." Das war dem Kranken eine gar
liebliche Auskunft.

Ein naher Freund, der Hofacker in solcher kindlichen
Freude und Gewißheit am Heiland antraf, fragte ihn, wie
er denn all seine Zweifel und Nöte überwunden habe. Da
erwiderte er:

„Ich bin ins Nachdenken darüber geraten, was das für eine
Schande und Sünde sei, wenn eine arme, sündige Kreatur wie
ich, gegen welche der Heiland beständig seine gekreuzigten
Liebesarme ausbreitet, all seine Einladungen mit dem törichten,
spröden und schnöden Kompliment zurückweist und ablehnt:
‚Ich kann's eben nicht glauben, nicht annehmen, ich bin zu
schlecht dazu!' usw. Nun habe ich mich eben ganz einfältig
entschlossen, des Heilandes Gnade und Liebe wie ein armes,
verlorenes Kind zu glauben — und seither ist mir wohl."

Der Besucher las dem Kranken dann Verse von der
ewigen Heimat vor. Darin kam auch etwas vom „kristall=
nen Meer der Seligkeiten" vor. Hofacker schaltete sich
ein: „Das ist zu flott für mich! Dahin gehöre ich nicht!"
Dann aber wurde im weiteren Verlauf des Liedes ganz
schlicht die Erbarmung Jesu gerühmt, die Sündern wider=
fährt, und nun stimmte Hofacker völlig zu.

Die Sehnsucht, die arme, irdische Leibeshülle abzulegen,
wuchs. Dem ihn behandelnden Arzt sagte der Kranke
einmal in einem Anflug edlen Humors:

„Ja, ja, ich sehne mich nach dem Heiland und nach dem Wasser des Lebens, das besser ist als alles Selterswasser, und welches ich bei meiner Ankunft dort sogleich stromweise trinken will. Ich sehne mich, zu meiner Mutter, zu meinem Vater und zu so vielen geliebten Freunden zu kommen."

Die Krankheit nahm zu. Einmal wäre Hofacker beinahe einem Erstickungsanfall erlegen. Ins Bett ging er nicht mehr, sondern saß meist in einem Lehnstuhl. Einschnitte an den Füßen und an anderen Stellen des aufgedunsenen Leibes ließen eine Menge Wasser abfließen und schafften vorübergehende Erleichterung. „Aber" — wir lassen Albert Knapp zu Wort kommen — „nicht lange dauerte diese Erquickungszeit, und die Belästigungen türmten sich von allen Seiten her wie Meereswellen höher und höher, so daß der Jammer zuletzt von den teilnehmenden Menschen fast nicht mehr anzusehen war. Der Abfluß des beizenden Wassers, das sich stets wieder ersetzte, griff ihn im Innersten an. Auch die leichteste Hülle ward unerträglich und jedes Verweilen im Bett unmöglich. Da saß er nun zuletzt, bis zu seinem Ende, acht lange Wochen, Tag und Nacht, in seinem Lehnstuhl."

Es ist zum Staunen, wie frisch und rege bei dem allen Hofackers Geist blieb. Er schrieb noch einige Briefe. Vor allem grüßte er noch einmal seine württembergischen Pfarrbrüder. Der Schluß dieses Schreibens lautet:

„Man kann einander nichts Besseres wünschen als: Nur nicht von der Hand Jesu gewichen! Dieses werde an uns wahr! Jesus mache es wahr! Immanuel!"

Um den Kranken ständig besorgt war sein Bruder Wilhelm, der inzwischen Vikar bei ihm geworden war und ihn unermüdlich umgab und pflegte. Darüber freute sich Hofacker sehr. Worin sein Trost im Leben und Sterben bestand, das bezeugte er dem Getreuen häufiger, indem er auf ein an der Wand hängendes Bild des Heilandes in der Dornenkrone mit den Worten wies: *„Das ist mein Mann!"* In allem eigenen Leiden dachte er viel an den geisteskranken Bruder Max und war erst beruhigt, als er dessen Versorgung nach seinem Tode sichergestellt wußte.

Die Not stieg. Es ging auch noch einmal durch inneren Kampf. Dem Bruder bekannte er eines Morgens: „Heute habe ich leiblich und geistlich eine überaus angstvolle Nacht durchgekämpft." Aber der Glaube, der die Welt überwindet, behielt den Sieg. Am 6. November kritzelte er auf einen Fetzen Papier:

„Gestern abend wollte ich ins Bett, um besser zu ruhen. Aber wen Gott in den Sessel gesprochen hat, der soll nicht ins Bett wollen. Ich werde wohl im Sessel sterben müssen. Um 10 Uhr saß ich schon wieder im Sessel wegen furchtbarer Schmerzen. O Herr, gib Geduld und einen Sinn, der da spricht: Wer seinen Hochzeitstag schon vor sich sieht, der ist um andern Tand nicht mehr bemüht!"

Der 18. November 1828 kam. Hofacker bat den Bruder: „Bitte nun den Heiland, daß er mich *bald* auflöse; denn ich kann es jetzt nicht mehr aushalten!" Dann aber schämte er sich seiner Ungeduld, und die letzte Träne der Buße rann über die erbleichende Wange: „Ach, daß ich nur so etwas Ungeduldiges denken, geschweige denn reden konnte!"

Der Spruch aus einem Erbauungsbuch auf alle Tage des Jahres lautete für diesen 18. November: *„Wo ich bin, da soll mein Diener auch sein."* Diese Verheißung tröstete und belebte den matten Kranken. Später faltete er noch einmal mühsam die längst kalten, starren Hände und flüsterte: „Betet! Betet!" Es wurde unter Handauflegung der Segen des dreieinigen Gottes über ihm gesprochen, Liederverse wurden ihm vorgesagt.

Hofacker nahm das alles noch mit klarem Bewußtsein auf, ja, er machte einmal den Bruder, der den Vers sprach:

„Wenn mir am allerbängsten
wird um das Herze sein,
so reiß mich aus den Ängsten
kraft deiner Angst und Pein!",

sogar noch auf ein Versehen aufmerksam. Der Bruder hatte nämlich gesagt: „. . . kraft deiner Todespein." Der

Sterbende verbesserte: „Nein, kraft deiner Angst und Pein!"

Um einhalb drei Uhr nachmittags trat der Tod ein, drei= mal noch lispelten die erbleichenden Lippen: „Heiland! Heiland! Heiland!" Dann war der Kampf ausgekämpft. Ludwig Hofacker war am Ziel.

Der Pietist mit dem vollen biblischen Glauben

Hofacker hat nie einen Zweifel daran gelassen, daß er sich zu den Pietisten hielt und zählte. Er hat andere er= muntert, es auch zu tun. Da ist der Freund Albert Knapp gewesen, um den er sich anfänglich sorgte. Knapp war eine Künstlernatur, und Hofacker fürchtete, das könne den Freund hindern, entschieden das Nein zur Welt zu sprechen. Er mahnte ihn:

„Du bist nicht zu einem Allerweltsmann, sondern zu einem entschiedenen Knecht des Herrn berufen. Du sollst nicht mit der Welt verwickelt werden, sie streckt ihre Hände nach Dir aus als nach einem flotten Kerl. Ach, laß Dir doch Deine Augen recht öffnen und es Dir zeigen, daß die Welt, auch die ge= lehrte Welt, vergeht mit ihrer Lust und lauter Kot ist vor den Augen Jesu! *Werde doch recht einseitig*, schmeiß den ver= dammten Weltkram hinter Dich und stelle Dich als ein ganz *überzwercher Pietist*, mit dem man nichts Vernünftiges an= fangen kann!"

Wir sehen, Hofacker hat nicht die geringste Hemmung gehabt, die Bezeichnung „Pietist" fröhlich und höchst positiv zu gebrauchen. Es gibt viele Leute, die ihm darin nicht folgen, die vielmehr den Pietisten gegenüber ihre starken Bedenken haben. Sie tragen mancherlei Ein= wände vor, vor allem aber diesen: die Pietisten legen auf die Erfahrung, auf das Gefühl einen gefährlichen Nach= druck. Sie entleeren dadurch den Glauben. Sie sind „Sub= jektivisten", die lieber von ihren fragwürdigen mensch= lichen Erlebnissen reden, als daß sie das Objektive, die Taten Gottes, rühmen und sich im Glauben daran hängen.

Nun, wer will bestreiten, daß die Pietisten je und dann in dieser Gefahr gesteckt haben, daß auch manche ihr erlegen sind? Von dem Pietisten Hofacker kann das aber beim besten Willen keiner sagen.

Das sollte doch wirklich aus dem Lesen dieses Büchleins klargeworden sein, daß Ludwig Hofacker gut paulinisch=reformatorisch seine Sache mit Gott auf den Glauben ge=stellt hat, nicht auf den Glauben, der nach Gefühlen hascht, sondern auf den nackten und puren, der sich auf die Gnade und die Verheißung wirft. Dieser Glaube war für ihn nicht eine fromme Leistung des Menschen, son=dern Geschenk von oben, das er sich ständig und demütig von seinem Herrn erbat. Wir sahen, wie Hofacker einige Zeit im Eigenmühen, in der Verkrampfung der Gesetz=lichkeit gesteckt hat. Aber davon wurde er frei und freier. Von der Leistung im frommen Werk, wie von der Er=hebung durch fromme Gefühle hielt er immer weniger. Sein Trost wurde immer tiefer und reiner das unverdiente und unverdienbare Erbarmen seines Herrn.

Was steht in Hofackers Predigt, in seinen vielen Briefen, in seiner ausgedehnten Seelsorge obenan? *Der Ruhm der Gnade, das Verdienst Jesu, die Tröstung des er=schrockenen und angefochtenen Gewissens mit dem großen Umsonst des Evangeliums.* Besser, kühner, kecker glauben, daß Gottes Heil den Sündern umsonst zufällt — danach verlangte er für sich, dazu reizte und ermunterte er, wo und wie er nur konnte:

„Ich lege mich immer mehr aufs Glauben. Wir müssen mehr von unserm wechselnden Gefühl abkommen. Der Grund unse=rer Hoffnung liegt nicht in uns, sondern in *Christo.*"

Nackt, pur, bloß nennt Hofacker gern den Glauben. Es ist also gerade nicht der von lauter Stimmung, Ge=fühl, Erlebnis strotzende Glaube, den er meint. Wir hörten schon einmal den Satz:

„Das ist Satans größte Freude, wenn er uns vom Glauben, vom puren, nackten, bloßen Glauben an Jesu Verdienst ab=ziehen kann, weil dieser sein Tod ist."

Menschen können von sich aus gar keine Voraus=setzungen erfüllen und sich für den Empfang der Gnade würdig machen. Auch das ist ein Irrweg, wenn einer erst

68

genügend Sündenbewußtsein in sich erzeugen oder einen gewissen Grad der Heiligung erreichen will, bis er sich berechtigt vorkommt, Gottes Heil für sich zu fassen. Mit nichts liegt Hofacker unermüdlicher und unerbittlicher im Streit als mit seinem eigenen und der andern törichten, trotzigen, hochmütigen, selbstgerechten Herzen, das sich jede andere Stellung eher gefallen lassen will als die des Bettlers, des Nichthabens, in der man nach der Ordnung der Bibel allein das Umsonst der Gnade erfährt. Nein, sich nicht erst zu diesem oder jenem entwickeln und heraufsteigern wollen — sondern zugreifen, jetzt zugreifen! Je kecker, um so besser!

„Der Mensch sagt: Ich muß erst so und so werden. Wo steht's aber, wie wir sein müssen, bis man sich entschließen darf, an Jesu Gnade zu glauben? Du wirst dein Herz niemals hienieden in der Gestalt sehen, wie du es gern hättest. Zäume also nicht den Gaul beim Schwanze auf, sondern fange an, dem Herrn und seinem Wort zu glauben gegen alles dumme Geschwätz deines verzagten Herzens! Dann wirst du nach und nach stark werden und dem Teufel und seinen Knechten ins Angesicht lachen.

Schlag die alte Schlange aus dem Kopf und wag's einmal! Wag's und sei so keck! Siehe, du hast nichts als Sünde — er nichts als Gerechtigkeit! Wenn ich meine Sache bloß auf eigene Erfahrungen und meinen wandelbaren Herzensstand gründen will, so habe ich nichts als Unruhe. Wenn ich aber meine verdorbene Sache nehme und lege sie ins große Opfer des Heilandes hinein, *dann kommt Ruhe.* Tue ich's aber nicht zu viel, nicht zu keck? Nein, *zu wenig und zu unkeck, das ist der Fehler. So ist nun in mir selber nichts als Unruhe und Verdammung, aber in Christo nichts als Seligkeit und Vergebung.* In sein Verdienst hülle ich meine Blöße, und darin allein finde ich Frieden. Und damit ist er gewiß zufrieden. Ja, wenn ich's noch kecker und freimütiger machte, so wäre es ihm noch lieber.

Oder will er denn nicht meine Ruhe? Will er denn nicht meine Seligkeit? Will er denn meine Unseligkeit? Das sei ferne! Darum ist er nicht gekommen, dazu hat er sein Wort nicht gegeben. — Ach, wie töricht sind wir von Natur, wie unnötig plagen wir uns!"

Wag's!, sagt Hofacker. Daß der Glaube ein Wagnis sei, das weiß er. Es findet sich bei ihm auch die Rede von dem Sprung, den der Glaube tun müsse:

„Tue einmal den großen *Sprung* aus deiner eigenen Gerech=
tigkeit heraus und in die Gerechtigkeit Christi hinein! Es ist
ein großer Sprung. Man meint, man falle hinunter in einen
Abgrund; aber man fällt nicht hinunter, man fällt einem
liebenden Vater ans Herz. Kommt, wir wollen es wagen und
diesen großen Sprung machen! Kommt, wir wollen ausgehen
von unserer Eigengerechtigkeit und hinüberspringen in die
Gerechtigkeit Christi!"

Wo hat dieser Glaube seine Quelle, seine Kraft, seinen
Halt? Im *Wort Gottes,* in jenem Wort, das die Tat Gottes
bezeugt und das Heil Gottes anbietet. „Objektiv" ist eins
der Lieblingswörter mancher Theologen, es wird sehr
oft in Kampfstellung gegen den angeblichen Subjektivis=
mus der pietistischen Frömmigkeit gebraucht. Wer sich
ganz und nur an Werk und Wort Gottes hält, ist der nicht
„objektiv"? Das hat Hofacker getan, darin kann ihn so
leicht keiner übertreffen. Der Mann hat eine wundervolle
Hochachtung vor dem Worte gehabt.

Die ehrfurchtslosen und hochfahrenden Gesellen, die
Aufklärer, die Vernünftler, die die Heilige Schrift kritisch
zerpflücken und deren ewige Wahrheiten ihrem arm=
seligen Verstand schmackhaft und annehmbar machen
wollen, kommen bei ihm denkbar schlecht weg. „Die
Heilige Schrift ist *objektiv.*" So sagt Hofacker. Und die
„Subjektivisten" sind dann wahrhaftig nicht die Pietisten,
für die das Wort unverrückt in Geltung steht, sondern
die armseligen Weltweisen, die mit ihren sehr subjektiven
und zeitgebundenen Auffassungen sich erkühnen, den
Fels der Bibel zu unterhöhlen. Hofacker sagt von ihnen:

„Der Herr lacht ihrer, und der im Himmel wohnt, spottet
ihrer, etwa so, wie wenn ein König lachen würde, wenn ihm
eine Mücke den Krieg wollte führen helfen oder ihm sagen
wollte, wie er im geheimen Rat hätte präsidieren sollen. Die
Philosophien der Herren Weisen dieser Welt sind erbärmlich
schwach, ich hätte es gar nicht geglaubt, daß sie so ganz
erbärmlich schwach seien. *Und diese luftigen Kartenhäuser,
die jeder Wind umwirft, und deren die tolle, abgefallene
Menschheit alle Jahrhundert zehn bis zwanzig auf den Ruinen
der vorigen aufbaut, dieses Zeug will man gegen das ewig
untrügliche Wort Gottes halten und sein Zeugnis dadurch
vernichten?!"*

70

Das lutherische „Das Wort sie sollen lassen stahn!" ist auch Hofackers unbeugsame Stellung:

„Wir müssen so keck werden, allen Menschenwitz und alles, was von Menschen kommt, mit Füßen zu treten, sobald es die Worte Jesu betrifft. Was kümmert's mich, was dieser oder jener begabte Sünder über dies und das denkt? *Wenn ich aus dem einfältigen Zeugnis der Heiligen Schrift weiß, was der Heiland darüber gedacht und gesprochen hat, so ist's genug.* Doch hiervon muß ich schweigen; denn die Galle steigt mir jedesmal, wenn ich auf diesen Punkt komme."

Deutlich und derb kann Hofacker werden, wenn es gegen die „hohen Geister" aufzutreten gilt:

„Man muß die Irrlehrer tragen und die ewige Erbarmung für sie anrufen, so jemand Kraft dazu hat. Aber solange sie den Sohn Gottes mit Füßen treten, kann ich ihnen den Balg doch nicht streicheln; das ist gerade das Grundübel bei unsern Gelehrten, daß sie einander den Balg streicheln und Ehre von= einander nehmen. Ich glaube, den superfeinen Herren muß man zur heilsamen Abkühlung ein wenig derb kommen, wenn sie bei der Höhe, auf die sie sich heraufgeschraubt haben, die einfältige Wahrheit, die zu ihren Füßen liegt, nicht mehr sehen und also zertreten. Darum zeuge ich gegen die hohen Geister unserer Zeit, welche so viele verführen, nicht mit hohen Worten, sondern geradehin, wie mir's kommt."

Herrlich einfältig steht Hofacker zum Worte Gottes. Nicht nur diejenigen, die dies Wort ihrer armseligen Menschenweisheit anpassen und unterwerfen wollen, erregen seinen Zorn, er winkt auch nach der Seite der *Mystiker* hin deutlich ab. Das sind für ihn die Leute, die von der schlichten Wortgebundenheit weichen, weil ihnen angeblich in besonderen Offenbarungen und Eingebungen gewichtige neue Erkenntnisse und Erleuchtungen auf= gehen, für die sie dann Gehör und Gehorsam fordern. Sein Rat ihnen gegenüber lautet:

„Mühen Sie sich nicht ab, *Außerordentliches* zu erfahren, sondern halten Sie sich an Gottes Wort! *Gott gibt uns durchs Wort viel Solideres als unmittelbar durch Eingebungen,* wenn ich so sagen darf. Die Hauptsache ist, daß wir unser Herz vor ihm stillen können, und dies gibt er durchs Wort."

Was bleibt also, damit einer ein festes und getrostes Herz kriegt, damit er Boden unter den Füßen und das

Ziel immer klar vor Augen hat? Nichts als der Glaube,
   der aus dem Wort gezeuget
   und durch das Wort sich nährt
   und vor dem Wort sich beuget
   und mit dem Wort sich wehrt.

Unter sich wachsen!

Die Rechtfertigung des Sünders, die im Wort zu=
gesprochene und im Glauben angeeignete Vergebung der
Sünden — das ist für Hofacker das *Herzstück des Evan=
geliums.* Er sagt davon:

„Kein Punkt greift tiefer in das eigentliche, innerste Wesen
des Christentums ein als eben dieser, und es entsteht die Frage,
ob, wenn Einigkeit hierin fehlt, ein Zusammenschmelzen der
Geister in wahrhaft brüderlicher Liebe denkbar sei.

Niemals kann und darf einer darüber hinauswachsen, daß
er sich, um selig, um vollendet zu werden, an den Überschwang
der Gnade hält, an den, der die Gottlosen, die Galgenschwen=
gel, die Lumpen, das Zigeunervolk, die Mörder, die Lästerer
und dergleichen selig macht. Mit *diesen muß auch ich selig
werden.*"

Aber was wird denn aus der *Heiligung* bei Hofacker?
Kommt sie zu kurz? Besagen die vielen Äußerungen
Hofackers über die Verderbtheit der menschlichen Natur,
von der der Gläubige nicht ausgeschlossen ist, daß er das
Werk Gottes verkennt und geringschätzt, das Menschen
neu schafft, umprägt, in Christi Bild gestaltet? Nein!
Wenn man rein statistisch vorgeht, ist das Ergebnis ein=
deutig dies: Hofacker redet und schreibt viel häufiger,
viel lieber, viel ausführlicher von der Rechtfertigung als
von der Heiligung. Er hat eben *seinen* „Schrei" getan.
Aber er hat auch von der Heiligung gewußt und gesagt,
allerdings nicht in überschwenglicher Sieghaftigkeit, son=
dern in Nüchternheit und Zurückhaltung, aber doch auch
wieder in froher Zuversichtlichkeit, wie man eben auf
dem Boden des Neuen Testaments von der Heiligung
reden darf.

Heiligung heißt für Hofacker nicht: in die Höhe wachsen, sondern in die *Tiefe wurzeln.* Es heißt nicht: *hinauf, sondern herunter!* Heiligung ist kein Ans=Ziel=Kommen in dieser Zeit, sondern ein *Laufen in der Sehn=sucht* nach dem himmlischen Kleinod. Es bleibt im Grunde der alten Natur, unter der auch *der* bis zum letzten Atem=zug seufzt, der im Glauben an den Herrn Jesus mit dessen Gerechtigkeit überkleidet wurde, die verfluchte Neigung zum *Hochmut.* Hofacker kennt keinen größeren Wunsch, als daß er zur *Demut* Lust kriegt. Worauf will Gott mit seinen Gläubigen hinaus? Hofacker sagt:

„*Das große Ziel der Führung Gottes ist Armut im Geiste,* damit man an der Gnade, die uns umsonst zufließt, herzlich froh und immer froher werde."

Mit dem Hochmut nimmt es kein gutes Ende. Einem Amtsbruder, der mit einer unklaren Predigt von Recht=fertigung und Heiligung in der Gefahr steht, vom neuen Leben der Gläubigen zu optimistisch zu reden und über den Glauben, der sich des Verdienstes Christi in der Sündenvergebung getröstet, hinauszufliegen, schreibt Hofacker:

„Was wirst Du zuletzt wirken mit Deiner neben Christus noch auf eigene Kraft gestützten Predigt? Etliche andächtige Heilige, denen unser Gott ihre Heiligkeitstürme immer wieder umreißen muß, und die, wenn sie nicht darauf achten, zuletzt durch ihren geistlichen Hochmut zum Teufel fahren."

Wir hörten schon von den Mystikern, die in einer für Hofacker unerträglichen Weise mit ihren Eingebungen und besonderen Offenbarungen das Wort der Schrift überspringen. Aber auch das hat er gegen sie, daß sie in der Auffassung der Heiligung sich versteigen:

„Der Mystiker will eine Heiligkeit der Engel, wobei man zuletzt die Versöhnung nicht mehr braucht. Wir aber wollen eine Heiligkeit, die uns Jesus schenkt, weil er sie uns erworben, welche durch die Armsündertür hindurch, durch Jesum allein selig wird. *Der Mystiker will über sich wachsen, wir aber unter sich,* damit das Verdienst Christi an uns verklärt werde. Der Mystiker läßt im geheimen den Fall Adams nicht gelten, son=dern meint, aus seiner alten Natur, wenn auch mit Hilfe Christi, noch etwas machen zu können, und das ist erlogen."

In der Bibel steht, daß die Christen etwas werden sollen zum Lob der Herrlichkeit Gottes. Aber wie werden sie es? Hofacker trägt darüber folgende Gedanken vor:

„Seitdem die Menschheit eine Sünderin, d. h. ein dem Fluch verfallenes Geschöpf, in den Augen Gottes geworden ist, hat sie nach dem Ratschluß Gottes einen ganz andern Weg zur Herrlichkeit als die ungefallenen Geister. Die sind in einem beständigen Wachstum ihrer heiligen Natur und haben keinen Fall zu beweinen. Die gefallene Menschheit aber muß, seitdem sie mit dem Opfer des Sohnes Gottes erkauft ist, gleichsam *unter sich wachsen,* wenn sie wieder etwas werden soll zum Lob der göttlichen Herrlichkeit. Ihre Übung steht vornehmlich in der Erkenntnis ihres Falles, und dieses dient zur Verherr= lichung *Christi.* Wir können jetzt nicht mehr in anerschaffener Naturkraft von einer Stufe zur andern steigen wie die Un= gefallenen. Dieses ist uns nicht unmittelbar mehr möglich, son= dern wir müssen durch das Armsündergefühl und darin Christum finden, und aus diesem Gefühl darf die erlöste Seele nicht mehr heraus, weder in Zeit noch in Ewigkeit.

Wenn ich sehe, daß man Christus nur als Heiligmacher gelten läßt, so muß ich sagen, man setzt ihn in dasselbe Ver= hältnis zu uns, in dem Gott zu den Engeln steht, und läßt nur das an ihm gelten, daß uns durch den Kanal seiner Menschlich= keit die Heiligungskräfte mitgeteilt werden, welche Gott den Engeln unmittelbar mitteilen kann. Ich halte das für eine sehr einseitige und niedrige Ansicht von der Sache Christi und glaube fest, daß man bei dieser Ansicht *weder die Tiefe unseres Falles noch die Heiligkeit Gottes jemals im rechten Licht er= kannt habe.*"

Aber daß nun keiner meine, Hofacker leugne die Tat= sächlichkeit und das Wirksamwerden der Lebens= und Heiligungskräfte Christi! Er sagt:

„Ich bekenne hiermit und will's vor euch allen, ihr Brüder, bekannt haben: daß ich den Mann, der am Kreuz geschändet ward, für die einzige Ursache meiner Seligkeit halte in Zeit und Ewigkeit, nicht bloß insofern, daß ich durch seine Todes= und Auferstehungskraft zu irgendeiner Tätigkeit im Reiche Gottes gelangen kann. Das kann er mir geben, wenn er will. Aber er soll, wenn er's gibt, es *nur vor meinen Blicken ver= bergen, damit ich kein Luzifer werde.*"

Das letztere ist für Hofacker so kennzeichnend. Er will sich nicht überheben, wie sich einst Luzifer erhob und zum Satan wurde. Er will klein bleiben. Es soll an ihm nichts zum Rühmen und Stolzwerden sein. Ja, das möchte er, daß Christus sein Werk an ihm hat, aber es soll leise und heimlich geschehen und sich am besten seinen Blicken entziehen.

Wer hat nun die biblische Heiligung besser verstanden, die Leute, die von lauter Sieg und Herrlichkeit reden und am liebsten sich schon hier sündlos sähen, oder Hofacker, der den Ekel und die Angst nicht los wird, wie ungemein tief der Hochmut in der Menschennatur wurzelt, und der so von Herzen gering und demütig sein möchte, auf daß aller Ruhm auf seinen Herrn falle? Wenn Hofacker es auch erbittet, daß Gott sein Werk der Heiligung an ihm verberge, andern ist es wahrlich nicht verborgen geblieben, daß hier ein Jünger Jesu in der Hand seines Meisters immer mehr umgeformt, umgeschmolzen wurde — wobei das viele Leid seine gewichtige Rolle spielte — in das Bild seines geliebten Herrn.

Übrigens hat der niedrige, gebeugte Sinn, der edelstes Kennzeichen der wahren Kinder Gottes ist, für Hofacker nichts zu tun mit einem gemachten, kriecherischen, gleisnerischen Wesen. Er ist auch denkbar weit verschieden von den schönen Tugenden Höflichkeit und Bescheidenheit. Es handelt sich darum, daß Gott durch seinen Geist dem Menschen kleine und wahrhaft bußfertige Gedanken von sich selber schenkt, ohne daß der Mensch darum verzagt. Nein, nun wendet er sich getrost zum ewigen Erbarmen und bekommt dann bei aller Beugung und Armut des Geistes

„einen *königlichen*, gegen Satan, Welt und Sünde trotzigen Geist".

Hofacker ist besorgt darum, daß aus der Heiligung kein frommes Werk des Menschen wird. Es geht ja in der Heiligung darum, daß wir uns dem, der uns erlöst hat, aus Dank und Liebe zum völligen Opfer hingeben. Können wir uns zu dieser Hingabe selber erwecken, können wir sie in uns vermehren und steigern? Hofacker weist uns den *evangelischen* Weg, zur Dankbarkeit, zur Hingabe, zur Aufopferung des Eigenen zu kommen:

„Wenn ein Mensch Barmherzigkeit gefunden hat bei dem, der keinen von sich stößt, so wird er um dieses großen, unaussprechlich teuren Fundes willen, um dieser Perle willen alles verkaufen, was er hat. Dann steht die Übergabe des Herzens an Jesus vor seiner Seele nicht mehr als hartes Müssen, sondern als seliges Dürfen. Dann klagt er nicht mehr, wie schwer und unmöglich es sei, sondern freut sich, daß er ein gänzliches Eigentum des Heilandes werden und zu seiner Ehre leben darf in dieser Welt.

O liebe Brüder und Schwestern, sehet Jesus an in seiner großen Liebe zu uns! Er ist ein Opfer geworden für mich, sollte es nicht auch der Wunsch meines Herzens sein, ein Opfer zu werden für ihn? Er hat für mich Schmach und die tiefste Erniedrigung erduldet, und ich sollte noch meine Eigenliebe pflegen und groß und angesehen werden wollen in der Welt, in der er so verachtet war? Ich sollte nicht alle ehrgeizigen, eitlen, ungöttlichen Gedanken in den Abgrund der Hölle verfluchen? Er hat so viele Marter und Pein an Leib und Seele erlitten, und ich sollte mich in Wollust weiden und bequeme Fleischestage suchen? Er hat eine ewige Gerechtigkeit erfunden mit so bittern Schmerzen, und ich sollte ihm noch seinen Ruhm rauben und eine eigene Gerechtigkeit aufrichten wollen?

Ach nein, alles sei in den Staub getreten, verachtet und für Kot geachtet um seinetwillen! O wem der Geist Gottes einen Blick auf das Kreuz Jesu Christi öffnet, der ist gestorben und begraben mit dem Heiland dem Fleische nach und auferweckt dem Geist nach, daß er mit ihm in einem neuen Leben wandelt, daß er keinen Gefallen mehr an sich selber haben, sondern ihm ganz allein zu seiner Ehre, zu seinem Wohlgefallen, zu seiner Freude leben will, durch die Kraft seines Todes und seiner Auferstehung."

Es kommt bei Hofacker immer wieder auf das Kreuz hinaus. Auf das Kreuz sehen, das heißt Gewißheit der Vergebung erlangen. Auf das Kreuz sehen, das heißt Antrieb und Kraft gewinnen, durch ein Leben der Hingabe den Herrn zu ehren. Dabei ist Hofacker mit Luther völlig darin einig, daß der Gehorsam der Heiligung sich nicht in außerordentlichen frommen Leistungen, in allerlei großen und in die Augen springenden Dingen zu bewähren hat, sondern daß der schlichte Alltag, der die Treue im Kleinen von uns fordert, der Bereich ist, in dem wir die Echtheit unseres Dankes an den Heiland ausleben:

„Würden wir doch aus den täglichen Vorkommenheiten unseres Lebens und Berufs einen Gottesdienst machen, wie gesegnet würde unser Gang durch dieses arme Leben werden! Da würde unser Christentum nicht aus so vielen abgerissenen Bruchstücken bestehen, es würde alles mehr in einem Zuge fortgehen. Die Treue, die man um Jesu willen in kleinen Sachen beweist, würde sich als ein Faden durch unsern ganzen Lauf hinziehen und unserm Lauf das unverkennbare Siegel eines Christenlaufs aufdrücken. Wie weit würden wir dann auch im täglichen Leben von dem ungläubigen und unseligen Treiben und Jagen entfernt sein, wo man aus Eigennutz oder sonst einer unreinen Triebfeder alles aufbietet, um nichts zu versäumen, und doch oft das Beste versäumt! Wie würde uns Gott in unserem täglichen Leben begegnen!

Da fänden wir Gelegenheit genug zum Danken, zum Lob der Güte Gottes, zum Flehen und Bitten, und diese Gelegenheit dürfen wir nicht erst aus der Kirche holen; sondern dein Säen, dein Ernten, dein Dreschen, dein Vieh, dein Weben, deine Kinder, dein Kochen, dein Waschen, dein Wasserholen, dein Dienen und Befehlen, dein Sonntag und Werktag, dein Sommer und Winter, dein Arbeiten und die Erholungen, die dir Gott schenkt und beschert, alles würde dich zu Gott führen. Da hätten wir täglich viel Anlaß zur Buße und zur Vergebung der Sünden. Seht, das hieße christlich leben!"

Hofacker weiß, was Heiligung ist. Er predigt, er lebt sie recht. Er möchte mit allem, was er ist und tut, in die Gegenwart seines Gottes hinein. Er öffnet sich dem Werk, das der Heiland in der Heiligung an seinen Leuten hat. Aber er bleibt sich schmerzhaft bewußt: ich bin noch nicht am Ziel. Daß er ans Ziel kommt, das weiß er gewiß; aber es ist nie der Stand seiner erreichten Heiligung, dessen er sich getröstet. Daß er ans Ziel kommt, das ist nur Gnade. Es erscheint

„ihm als ein großes Wunder und Meisterstück Gottes, wenn ein Christ des Glaubens Ziel erreicht, nämlich der Seelen Seligkeit. Man wundert sich darüber, wenn ein Heiliger abfällt, und man sollte sich doch viel mehr darüber wundern, wenn ein Gläubiger stehenbleibt und seinen Lauf mit Ehren vollendet."

Es ist eben auch das Herz des Christen immer noch so veränderlich, voll Trotz und Verzagtheit. Es ist so viel heimliche Neigung zur Welt und zu dem, was in der Welt ist, in ihm. Es hat den Kampf mit dem Fürsten der

Finsternis zu bestehen. Soll es da nicht erschrecken und bangen, ob es auch beim Heiland bleibt und den schmalen Weg bis zum Ziel nicht verläßt? Aber da ist das Lamm, das erwürgt ist, der treue Hohepriester, der versucht ist allenthalben gleichwie wir, doch ohne Sünde. Ihm ist es ein heiliges Anliegen, daß die Seinen bewahrt werden zur Seligkeit. O die wunderbare Gnade, mit der Jesus uns geliebt! Immer ist ihr Preis das Letzte und Liebste, das Hofacker zu Rechtfertigung und Heiligung und Vollendung zu sagen hat.

Der Prediger Hofacker

In der letzten Krankheit löste Gott seinen Knecht Ludwig Hofacker immer mehr von allem, was sein Herz auf Erden und unter den Menschen festhielt, auch von dem Predigtamt, dem seine ganze Liebe galt. Aber einmal stieg doch noch der Wunsch auf: Herr, noch einmal möchte ich auf die Kanzel steigen, noch einmal das herr= liche Wort von der Versöhnung ausrufen! Ja, predigen, predigend den Heiland und sein Verdienst groß machen, predigend für das Lamm Beute werben, das war Hofackers Lust. Das war die Gabe, die sein Herr ihm anvertraut hatte, das Pfund, mit dem er so gesegnet wucherte.

Von den Wirkungen, die diese Predigt hatte, von der Erweckung, die sie schuf, haben wir gehört. Hofackers Predigt ist immer bewußt erweckliche Predigt gewesen. Ihr Thema war das abgrundtiefe Verderben der sündigen Menschen, das unausschöpfliche Erbarmen Gottes in Jesus Christus und die unermüdlich vorgetragene Wer= bung, sich doch durch den Glauben an Christus mit Gott versöhnen zu lassen. Diese Predigtweise war nicht von der Art, daß sie *voll*, aber nicht *satt* machte. Hofacker überfiel die Hörer nicht mit einer Fülle von Gedanken, es war immer ein Grundgedanke in jeder Predigt, den er be= harrlich durchführte. Er sagt darüber:

„Das ist so meine Überzeugung und Manier. Ich glaube, man gelangt dadurch am sichersten zum Zweck. Man muß den Leuten mit aller Kraft *einen Keil ins Herz* hineinschlagen und sie dann laufen lassen."

So gewiß Hofacker auch Erkenntnis entfalten, lehren und biblische Texte in dem Reichtum ihrer Beziehungen auslegen konnte — darin lag nicht seine Stärke. In der Auslegung haben andere Besseres und Gründlicheres geboten. Hofacker hat um die Schranken seiner Gabe und seines Auftrages gewußt:

„Die analytische Methode, die Auslegungs= und Lehrweise, ist mir fremder, aber auch mit meinem Innern nicht so über= einstimmend. Ich möchte sehr zentralmäßig zu Werke gehen und suche daher in jeder Predigt einen Totaleindruck hervor= zubringen."

Diese Predigtweise — das hat Hofacker gewußt, und das hat auch seine Mutter erkannt und ausgesprochen — paßte für eine längere Dauer nicht an einen Ort und in einen beschränkten Wirkungskreis. Wenn Gott ihrem Sohn ein längeres Leben und Arbeiten gewähren würde, dann — so sagte die Mutter — müßten sich seine Predigten bedeutend ändern. Aber gerade daraus, daß ihr Ludwig, wenn er nach Zeiten der Krankheit und des Schweigens wieder auf die Kanzel stieg, dann ein noch kräftigeres und durchdringenderes evangelistisches Zeugnis als früher hatte, schloß sie wehmütig — und sie sagte es auch ihrem Jungen —, daß seine Tage gezählt seien.

Es ist müßig, zu fragen, was bei einem längeren Leben aus Hofacker geworden und ob die Macht seiner Predigt geblieben wäre. Gott hatte nun einmal diesen so kurzen, so leidvollen und doch wieder so leuchtenden Erdentag für seinen Knecht bestimmt, und dieser konnte und sollte nichts anderes sein als eine helle Posaune für Jesus, wie vorher und nachher im Schwabenland keine mehr er= klungen ist.

Die Predigt war für Hofacker kein rednerisches, ästhe= tisches Kunstwerk, sondern ein *Zeugnis* für den gekreu=

zigten Christus. Gewiß war der Stil seiner Rede, die Wahl der Worte und Bilder edel und würdig, er konnte aber auch derb und massiv werden, so daß ein bloßer Ästhet sich erschrocken die empfindsamen Ohren zugehalten hätte. Die Hauptsache war und blieb ihm, daß die Botschaft vom Heiland klar herauskam, daß seine Worte dem einen lebendigen Wort, das Gott in Christus zu unserm Heil gesprochen hat, nicht im Wege stünden, sondern ganz in dessen Dienst wären und ihm die Bahn bereiteten. Rede ich in der *Einfalt?* Das war für Hofacker die Hauptfrage. Geht es mir beim Predigen darum, nicht Menschen zu gefallen, sondern Seelen zu erretten? Diese Sorge beschäftigte ihn ständig.

Hofacker hat einmal die Predigten eines Freundes gelesen und liebevoll kritisert. Anlage, Ausführung, Fülle der Gedanken, Schönheit der Sprache — alles erregte seine Bewunderung. Aber die Predigten ließen die Einfachheit, die Einfalt vermissen. Sie setzten zu viel voraus, sie überstürmten die Zuhörer mit biblischer Wahrheit, sie zeigten zu wenig Mitleid und Erbarmen mit den schlichten Leuten, die ein geringes Verständnis haben. Hofacker legte dem Freund folgende Frage und folgenden Rat vor:

„Könntest Du, lieber N. N., diese Predigten nach ihrem Inhalt und ihrer Form vor Heiden halten, welchen Du zum ersten Male predigst? Nein, Du müßtest ihnen viel einfacher sagen, daß sie einen Heiland haben. Und dann gleich darauflos: *Wer ist der Heiland? Und: Was hat er getan? Und: Wie hat er die Menschen so lieb! Und: Wie will er sie selig machen?"*

Um diese Fragen geht es in Hofackers Predigten. Die Leute sollen einen Eindruck bekommen, wer der Heiland ist, und was er kann und tut. Hofacker hat ihnen den Heiland richtig vor die Augen *gemalt,* so wie es Paulus einst bei den Galatern getan hat (Gal. 3, 1). Kommt her! Hört zu! Schaut an! Ständig werden die Hörer so angeredet:

„Tritt näher hinzu, Seele, betrachte und beschaue ihn recht, den Mann der Liebe und der Schmerzen, beschaue ihn von Kopf bis zu Fuß! Sieh, hier hängt er mit ausgespannten Armen zwischen Himmel und Erde! Sie haben große Nägel genommen und ihn damit an Händen und Füßen an das Kreuzholz genagelt. Aus diesen Nägelwunden fließt sein Blut über seinen heiligen Leib hinunter und fällt in großen Tropfen auf die Erde. Er aber hängt da blaß und entstellt. Sein Haupt ist mit einer Dornenkrone gekrönt, sein Angesicht ist mit Blut überdeckt, seine Wangen sind angeschwollen von den vielen Backenstreichen, sein Rücken ist zerfleischt von den Geißelhieben, sein ganzer Leib ist matt bis zum Tode. O betrachtet ihn doch recht, unsern allertreuesten Jesus, wie er am Kreuze hängt!"

„Wie hat die Liebe, die ewige Liebe geliebt! Siehe dieses Haupt an, dieses Haupt voll Blut und Wunden, voll Spott und voller Hohn! Siehe an dieses edle Angesicht, vor welchem der Weltkreis einst beben wird, siehe, wie es bespeit, wie es so übel zugerichtet ist! Warum ist dieses geschehen an diesem Haupte? In dieses Haupt war nie ein anderer Gedanke eingedrungen als die demütigsten, die einfältigsten, die liebevollsten Sohnesgedanken gegen den Vater, die liebevollsten Gedanken gegen die Sünder. Dieses Angesicht war jederzeit nur ein Spiegel der Freundlichkeit, der Leutseligkeit, der Majestät und Herrlichkeit Gottes gewesen. Keine sündliche Leidenschaft hatte jemals diese Züge entstellt und verzerrt, und nun siehe! Wie ist dieses Haupt geschändet! Wie ist es zugerichtet! Wie verzieht sich das Angesicht des Heilandes zu einem blassen Totengesicht! Wie drückt der Tod, der Sold der Sünde, sein entsetzliches, sein starres Bild in dieses Angesicht des Schönsten unter den Menschenkindern ein!

Das habe ich verschuldet. Mein Hochmut hat ihm die Dornenkrone in das Haupt gedrückt. Mein Mutwillen hat ihm die schweren Backenstreiche gegeben. Mein ehebrecherisches Auge hat seiner Augen Licht entstellt, meine Sünden haben es getan. Und er hat es erduldet, damit ich Armer mein Haupt, mein Sünderhaupt, emporheben und, ob ich gleich ein fluchwürdiger Wurm in den Augen Gottes bin, doch getrost auf meine Erlösung warten dürfe. Sein Leib gilt für meinen Leib, seine Seele für meine Seele, sein Blut für mein Blut, seine Hände für meine Hände, seine Füße für meine Füße. Es kommt alles mir und meinen Mitbrüdern und Mitsündern zugut."

Wie muß solches Ausmalen der gekreuzigten Liebe, das sich immer wieder in Hofackers Predigten findet, den Leuten durch Mark und Bein gegangen sein! Kein Thema ist Hofacker größer als das: Christus und sein Versöhnungswerk am Kreuz. Da predigt er am Trinitatissonntag, warnt aber gleich zu Beginn die Hörer, sich ja

nicht in Grübeleien über das Wesen der Heiligen Drei=
einigkeit zu verlieren, sich vielmehr zu Dank und An=
betung gegen den Gott der Offenbarung bewegen zu
lassen, der als Vater die Menschen geschaffen, als Sohn
die Welt erlöst hat und als Heiliger Geist zum Sohne
zieht und das Werk der Heiligung treibt. Und schon ist
Hofacker beim Geheimnis Gottes, des Sohnes, das kein
anderes ist als das *Geheimnis der Erlösung:*

> „Hast du von diesem Geheimnis die wahren Begriffe, ist
> es deinem Herzen klargeworden, daß der Heiland für *dich*
> gestorben ist, dann ist alles überwunden, dann hast du, daß
> ich mich so ausdrücke, den höchsten Berg überstiegen."

Hofacker rechnet damit, daß sein ständiges Predigen
vom Heiland diesem und jenem leid werden könne, aber
er gedenkt nicht davon abzugehen:

> „Wundert euch nicht, liebe Zuhörer, daß ich schon wieder
> von dem Heiland, und zwar von seiner erbarmenden und
> allmächtigen Liebe, zu euch rede. Zwar weiß ich wohl, daß
> dies manchen unter euch langweilig ist: aber diesen ist eben
> nicht zu helfen, und es wird ihnen auch nicht zu helfen sein,
> bis sie arm am Geist werden, bis ihnen die Augen aufgehen
> und sie ihr Elend, ja den Agrund der Hölle vor sich sehen.
> Dann werden sie vielleicht noch froh werden, wenn ihnen das
> große Wort von der erbarmenden, unendlichen, ewigen, all=
> mächtigen Liebe dessen gesagt wird, der gekommen ist, zu
> suchen und selig zu machen, was verloren ist."

Die biblischen Worte und Wirklichkeiten: Sünde, Ver=
lorensein, Hölle, Teufel läßt sich Hofacker durch keine
aufklärerische Verharmlosung und Leisetreterei erweichen.
Das gibt es alles, und Hofacker spricht derb und un=
geschminkt davon. Aber um so inniger preist er den Hei=
land an, der von diesen Mächten ewig errettet. Wovon
soll er denn sonst reden, wenn nicht von ihm? Wen
brauchen die Menschen nötiger als ihn?

> „Christus ist der *allerunentbehrlichste Mann für einen*
> *Sünder.* Er ist unentbehrlicher als das tägliche Brot, unent=
> behrlicher als die Kleider. Doch was brauche ich solche Gleich=
> nisse? *Wenn man nicht sterben, nicht ewiglich sterben will,*
> *so muß man ihn haben! . . .* Wie elend wären wir, wenn es
> keine Vergebung der Sünden gäbe! Wie beneidenswert wäre

das Schicksal eines Hundes in Vergleichung mit dem Schicksal eines Menschen!"

Zu Jesus und seiner Versöhnung ruft Hofacker die Leute. Darum predigt er in herzerfrischender Deutlichkeit „klassisch". Er teilt die Menschen in Klassen, in Gruppen ein. Er kommt gar nicht in die Versuchung, das Predigt= publikum, das sonntags in seine Gottesdienste strömt, in Bausch und Bogen als Gemeinde Jesu, als Schar erretteter Sünder anzusehen und anzureden. Es sind Leute darunter, die kennen den Heiland, aber die andern, die meisten, müssen erst für ihn gewonnen werden und sich zu ihm bekehren:

„Es gibt nur zweierlei Gattungen von Menschen in der Welt: einmal Knechte der Gerechtigkeit, die im Lichte wan= deln, die ihre Glieder begeben haben zu Waffen der Gerechtig= keit, die als gute Bäume in den Garten Gottes gepflanzt sind. Fürs andere gibt es Knechte der Sünde oder der Finsternis, welche die Sünde mit ihrem inwendigsten Wollen umfassen und liebhaben, und die, weil sie faule Bäume und Kinder des Verderbens sind, auch nichts anderes hervorbringen können als faule und verdorbene Früchte, Früchte, die den Tod bringen, wie sie selber Kinder des Todes sind. Das sind die zwei Klassen unter den Menschen: es gibt *geborene*, aber dabei *wiedergeborene* — und *geborene*, aber dabei *noch nicht wieder= geborene*."

Gelegentlich kann Hofacker noch von zwei weiteren Klassen sprechen. Da sind die Leute, die das Heil in Jesus von Herzen *suchen* und den Wandel im Licht begehren. Für die hat Hofacker immer gute Hoffnung und er= mutigende Worte. Die werden bald durch Gottes Gnade zu der Klasse der durch die enge Pforte Durchgedrungenen gehören dürfen. Bedenklich sieht es aber mit denen aus, die von einem gewissen Ziehen des Geistes Gottes in ihrem Leben wissen, aber keine ganze Sache machen mit dem Heiland. Diese jämmerlichen, halben, schwankenden Geister, die im besten Falle von Christus fromm schwät= zen, aber seine Kraft nicht wahrhaft kennen und noch kein durch seine Gnade festes Herz bekommen haben, nimmt sich Hofacker immer wieder aufs Korn. Die sollen sich aufmachen und schleunigst ganz Jesu Eigentum werden!

Zur Klasse der Nichtwiedergeborenen zählt Hofacker nicht nur die offenbaren Sünder. Dazu gehören vor allem die unzählbaren Scharen der „Frommen", die vom Ver= dienst des Heilandes keine Ahnung haben, sondern im brüchigen Bau ihrer eigenen Gerechtigkeit wohnen und vor Gott bestehen wollen. Immer wieder treffen wir den Prediger Hofacker bei dem Geschäft an, den Frommen den Plunder ihrer eigenen Gerechtigkeit zu verekeln und zusammenzureißen:

„Meinst du, dein Tugendkleid könne nicht von dir genom= men werden? Wenn du es dir durch die Gnade Gottes nicht nehmen lässest, so wird es durch den Zorn Gottes von dir heruntergenommen werden. Gott wird dem Teufel Macht geben, es von dir herunterzuziehen und vor deinen Augen zu zerfetzen und zu zerreißen. Dann wirst du dastehen in deiner natürlichen Blöße und wirst nichts sehen als die Schande deiner Blöße. Vor den flammenden Augen Gottes können nur die bestehen, die ihre Kleider gewaschen und helle gemacht haben im Blute des Lammes. Wer die Gerechtigkeit Christi nicht ergriffen hat, der wird verdammt, und wenn er der Heiligste wäre."

Hofacker hält den Leuten den Spiegel des Gesetzes vor, damit sie sich darin als Sünder erkennen und dann zum Heiland laufen. Die Zehn Gebote und die Bergpredigt sollen die schamlosen Sünder aus ihrer Unbußfertigkeit erwecken und die auf ihre Tugendhaftigkeit so gefährlich Stolzen in ihrer angemaßten Sicherheit angreifen. Aber darin zeigt sich nun wieder, wie herrlich dieser Ludwig Hofacker das Evangelium und seine Macht verstanden hat, daß er wohl mit dem Schwert des Gesetzes drein= schlägt, aber die wesentlichste und tiefste Erschütterung des Menschenherzens vom Evangelium erwartet, dem Evangelium zutraut:

„Wenn das Gesetz als ein Spiegel und Richter der Gedanken vor die Seele tritt und seine züchtigende und verdammende Stimme erhebt, da erschrickt wohl das Herz und fängt an, nach Trost zu suchen und nach Rettung zu fragen. Aber wie die Er= fahrung lehrt, auch der Fluch des Gesetzes ist nicht imstande, den Sünder ganz zu entkleiden; ja, es geschieht öfters, daß er, je schärfer ihn die kalte Luft des Gesetzes anweht, die Lappen seiner eigenen Gerechtigkeit nur um so fester hält und, wird ihm der eine entrissen, nur um so heftiger nach dem andern greift. *Denn nur die Sonne des Evangeliums kann den Sünder ganz entkleiden von allem Eigenwerk* und dahin bringen, daß er nackt und bloß zu den Füßen Christi niedersinkt. Ja, wenn der Geist der Wahrheit eine Seele in den Rat Gottes hinein= blicken läßt, in das ewige Erbarmen des Sohnes Gottes, wenn er einer Seele das verspeite und entstellte Antlitz des Welt= heilandes und seine Wunden zeigt, wenn er sie auf Golgatha führt und die Marter, Angst und Pein ihres großen Jesu vor ihre Augen malt: das schmilzt das starre Herz, das dringt durch Mark und Gebein, durch Seele und Geist."

Mit dem Evangelium hat Hofacker um die Sünder ge= worben. Wenn er es auf der Kanzel darbietet, dann ist ihm dabei immer selber das Herz so im Innersten bewegt, daß er in staunende Ausrufe ausbricht, ins Beten über= geht. Der namhafte Darsteller der württembergischen Kirchengeschichte, Professor Heinrich *Hermelink*, nennt es geradezu das Geheimnis, das Herzstück der Hof= ackerschen Predigt: daß sie mit dem Wort das Gebet ver= bindet, daß sie *betende Predigt* wird, wobei alle Fäden der Anbetung am Ende zusammenlaufen bei dem großen Hohenpriester Jesus, bei dem Lamm, das erwürgt ist. Für diese betende Predigt einige Beispiele:

„Alles ist den Menschen lieber als der Gekreuzigte. Es sei! Sie mögen schön finden, was sie wollen, so ist doch Christus, das Lamm Gottes, herrlicher, schöner denn alles. Ja, du, o Jesus, bist der Schönste unter den Menschenkindern; holdselig sind deine Lippen; holdselig und lieblich bist du in deinem Bluten, Leiden und Sterben; holdselig und lieblich in deiner Auf= erstehung und in deiner Himmelsglorie für alle, die deiner be= dürfen, die dich kennen."

„Jesus hat geweint, als er Jerusalem ansah, heiße und bittere Tränen vergossen. Erstaune, mein Geist, und bete an! O daß ich mich in diese große Sache hineinvertiefen, daß ich es ganz, genug und innig empfinden und erfassen könnte, was es heißt: Jesus Jehova hat geweint! Wie offenbart sich in diesem tränen= den Angesicht Jesu Christi die Freundlichkeit und Leutselig= keit des Vaters! O mein Herz, verliere dich ganz in die Größe des Herzens Jesu! Empfinde es ganz, was du für einen Heiland, für einen Hohenpriester hast!"

„O süßes Evangelium! O herrliche Botschaft für mühselige, beladene Seelen, wie köstlich bist du, zu heilen alle müden, zerschlagenen Herzen, wie tröstlich für arme Sünder! Du bist süßer als Honig und Honigseim, du Freundlichkeit und Leut= seligkeit unseres Gottes!"

„Die ewige Erlösung ist gefunden! O großes Wunder für die Ewigkeit, für die Engel, für die Teufel, ein Wunder der Barmherzigkeit vor der ganzen Schöpfung! Keine Zunge ver= mag es zu schildern, kein Lob kann es erreichen, kein geschaf= fener Geist kann es begreifen, und wenn er Millionen Jahre dazu nähme, so müßte er stillestehen und staunen und schwei= gen. Der Seraph kann es nur stammeln; wie wird es ein armer, sündiger Mensch begreifen können, der kaum angefangen hat, in das Reich des Lichtes und der Erlösung hineinzublicken!"

Und nun noch ein Abschnitt aus einer Predigt Hof= ackers, in der alles beieinander ist: das Elend der Sünder, das staunenerregende Erbarmen Gottes, das herzandrin= gende Rufen, Locken, Werben des Predigers, das Heil heute glaubend anzunehmen:

„O große Gnade! Großes Erbarmen! Sieh, was du gesündigt hast von deiner Jugend an: alles soll vergeben, vergessen, du sollst von allem frei= und losgesprochen sein, so du wahrhaftig Buße tust, so du deine Sünde bekennst, bereust, um Vergebung flehst! Hört es! Ihr Sünder, ihr alten Sünder, hört es! Ihr habt doch wohl viele Schulden auf euch. Ein Kind Gottes kann oft am Ende eines Tages über die Schuld dieses einzigen Tages fast nicht hinübersehen, und wie viele Jahre habt ihr gelebt, ohne Kinder Gottes zu sein! Was muß von euch in den Büchern Gottes stehen!

Aber alle diese große Schuld soll euch durchgestrichen sein, wenn ihr euch als arme Sünder zu den Füßen unseres Herrn werft und um Gnade weint. Ach, man sollte ja nicht meinen, daß man eine solche Gnadenbotschaft könnte in die Welt hinschreien, ohne daß sich alle aufmachten, um an dieser Gnade Teil zu be= kommen! Sollte die fluchwürdige Welt dies Wort hören können, ohne Buße zu tun? Ist's möglich? O meine lieben Zuhörer! Wollt ihr nicht hören? Wollt ihr sterben? Wollt ihr ohne Not verlorengehen? Wollt ihr dem unerträglichen Gericht Gottes anheimfallen? Wollt ihr mit Gewalt in die Hölle, in das ewige Feuer, das bereitet ist dem Teufel und seinen Engeln?

Das wollt ihr doch nicht! Wohlan denn! So macht euch auf, bittet Gott um seinen Heiligen Geist, daß er euch eure Schuld aufdecke, bringt eure Schulden mit gebeugtem Herzen vor den Gnadenthron, regt euch, wendet die wenige Zeit, die ihr noch habt, zum Heil eurer Seele an, es möchte morgen zu spät sein! Ich rufe, ich schreie, ich posaune es aus! Ihr Knechte des Verderbens! Ihr großen Schuldner, ihr jungen Schuldner, ihr alten Schuldner, ihr bankrotten Leute, ihr armen Leute, kommt! Bekennet eure Missetat; hier ist euer Herr, der euch alle Schulden nachläßt! Hier ist euer Bürge, der alles für euch be= zahlt hat! Hier ist ein Meer von Liebe und Erbarmung! Wer wagt es, in dieses Meer hineinzuspringen? Wer ist so keck? Wer wagt es, seine Seele zu erretten?"

Ob nach diesen Auszügen ein Leser Lust bekommen hat, zu dem umfangreichen Hofackerschen Predigtbuch zu greifen? Es ist bloß noch antiquarisch zu haben. Aber wer es haben kann, fasse ja zu! Er gewinnt einen Schatz, der heute noch nicht veraltet ist. Gegen Ende des Jahres 1827 erschien, noch von der Hand Hofackers selber besorgt, ein erstes dünnes Heft mit zehn Predigten. Im Sommer 1828 kam ein zweites Heft mit zwölf Predigten dazu; dann ging Ludwig Hofacker heim. Seine Brüder Wilhelm und Karl und etliche treue Freunde haben sich um die Herausgabe weiterer Predigten bemüht, bis das Buch mit 95 Predigten und einigen Grabreden seinen abschließenden Umfang erreichte. Schon bis zum Jahre 1859 waren etwa 120 000 Exemplare in alle Länder der Welt hinausgegangen, 4 000 bis 5 000 in jedem Jahr. Und immer neue Auflagen folgten. Ungezählten ist die herrliche Zeugenstimme Ludwig Hofackers gerade durch das Predigtbuch zum Segen geworden.

Züge aus der Seelsorge Hofackers

Hofacker hat nicht nur auf der Kanzel gestanden, er ist auch zu den Menschen in die Häuser gegangen, er hat die Kranken aufgesucht, er hat in Freud und Leid der Men= schen vom Evangelium her sein helfendes, tröstendes, seelsorgerliches Wort gesprochen. Er hielt es mit dem Prälaten Bengel, dem ein Pfarrer, der wohl predigt, aber keine Besuche macht, keine Seelsorge treibt, wie ein Vogel vorkam, der nur einen Flügel hat. Hofacker hat schon zu *seiner* Zeit ein Grauen vor der Bürokratie in der Kirche gehabt. Dadurch komme der Pfarrer um die Zeit und die Lust zur Seelsorge:

„Ein bloßer Prediger ohne Seelsorge ist ein praktisch=theo= retisches Unding. Der Postbetrieb, Berichte, Tauf=, Toten=, Ehe= bücher, Familienregister, Heiratsgeschichten und andere Ta= bellen nehmen gar viel Zeit weg. *Es wäre sehr zu wünschen, daß das leidige Schreibertum einmal aus unserer Kirche heraus= gepeitscht würde.*"

Seine Krankenbesuche machte Hofacker nach folgender Regel:

„Mit Toten (d. h. geistlich Toten) gehe erbarmend um und zerre sie nicht viel herum! Anfangs griff ich sie überaus heftig an, allein ich konnte sie nicht aufwecken. Man muß hier dem Geiste Gottes Raum lassen und nicht vorgreifen, sondern das Wort einfach verkündigen."

Die Seelsorge war in ihrem Herzstück für Hofacker nichts anderes als der Zuspruch des Wortes von der Ver= söhnung, die Verkündigung der Rechtfertigung des Sünders durch den Glauben an den einzelnen. Diesen Dienst hat er auch vielen auf brieflichem Wege getan. Überhaupt sein reichhaltiger Briefwechsel! Darin hat er sich zu mancherlei Fragen, Nöten, Lebensentscheidungen, vor denen seine Freunde standen, ratend, mahnend, tröstend geäußert.

Als der Freund Albert Knapp die Frage der rechten Lebensgefährtin im Herzen bewegt, schreibt ihm Hofacker:

„Wenn Du in die Lage kommst, eine Frau zu wählen, so bitte ich Dich, doch hierbei auf ihre Hingebung an die Sache des Herrn vorzüglich zu sehen. Eine gnadenlose Frau wäre gewiß nicht gut für Dich. Ich für mein Teil muß sagen: ich würde, wenn ich in ähnliche Verhältnisse käme, mein armes Leben für verloren achten, wenn ich ein gnadenloses Weib freien sollte. Da können sich geheime Leiden auftun, die man keinem Menschen ins Herz sagen kann, und das Gebet kann sehr, sehr gestört und das ohnedies so laue Herz völlig kalt werden nach und nach. *O nur diesen großen Schritt nicht ohne den Herrn!*"

Da ist ein Bruder in Christus, ein weltlicher Beamter, der auf eine einflußreiche Stelle in einer oberschwä=

bischen Stadt versetzt worden ist. Er scheint zu meinen, daß es für sein Amt und seine Volkstümlichkeit von Vorteil ist, wenn er sich auch einmal im Wirtshaus sehen läßt. Hofacker ist ganz anderer Ansicht.

Er schreibt ihm einen feinen seelsorgerlichen Brief:

„Daß Du das Wirtshaus in Deiner Stadt besuchst, gefällt mir gar nicht. Gründe hin, Gründe her, wir wissen doch beide, was das Wirtshaus ist, und wieviel es uns geschadet hat. Wir wollen nicht in das Gericht fallen, das Petrus mit dem Worte beschreibt: Der Hund frißt wieder, was er gespien hat, und das Schwein wälzt sich nach der Schwemme im Kot. Es fängt klein an und macht, im gelindesten Fall, endlich lau, lahm und weltförmig. Der Welt Freundschaft ist Gottes Feindschaft. Dabei bleibt's! Wir müssen der Welt einmal das bestimmte Muster geben, daß man ohne Wirtshaus und Bierludelei leben kann, und daß Christus mehr ist als alles. Mein lieber Bruder, hüte Dich! Meinst Du, der Teufel sei nicht auch in Deiner Stadt?

Hüte Dich! Ich bitte Dich: Sei trotzig gegen den Teufel! Wie, wenn durch Deinen Dienst der Selbstverleugnung mehrere erweckt würden, das heillose oberschwäbische Bierludeln auf= zugeben? Aber wie, wenn sie durch Deine Vernachlässigung des Gebotes: ‚Stellet euch nicht dieser Welt gleich!' in ihrem Leichtsinn bestärkt würden? Ich versichere Dir, der Heiland sieht das Wirtshausgeläuf ungern. Ich weiß wohl, es gibt auch zu ängstliche Gewissen, aber das Wort Gottes ist die einzige Richtschnur, der einzige Leitstern für unser Gewissen. O mein Bruder, nur nicht nachgiebig und großzügig gegen den Teufel und menschliche Meinung! Man wird von ihnen hernach bloß ausgelacht. Der Heiland schenke Dir ein trotziges Herz, den= selben ins Angesicht zu widerstehen!"

Hofacker rät dem Mann auch, für das Wort Gottes sich Zeit zu nehmen und, wenn's sein muß, eine Stunde früher aufzustehen. Es bedürfe da einer festen Ordnung:

„Ordnung ist unserm alten, bequemen Adam sehr zuwider, und doch ist gerade sie eine der mächtigsten Stützen des inwendigen Menschen und ein Bewahrungsmittel gegen vieler= lei Sünden."

Nun noch ein Auszug aus einem ganz prachtvollen Brief an einen jungen Missionsschüler. Hofacker hat ihn an dem Ostertag geschrieben, an dem er seine letzte Predigt hielt:

„Werdet in eurem Missionsstand keine Herren und Herr=
lein! Werdet vielmehr Knechte; denn auch Christus wurde hier
ein Knecht. Ich weiß, ihr habt Versuchung, Herren zu werden.
O nur keine Herren! Das steht jedermann übel an, besonders
aber einem Knecht Jesu Christi. Spaltet Holz! Fegt aus! Wascht
einander die Füße! Wer's am besten kann, der ist der Größte.
Ihr seid keine Studenten, sondern arme, einfältige Brüder, die
durch Einfalt und Glauben siegen müssen. Lernt unbedingten
Gehorsam gegen eure Oberen, soweit es mit Gottes Gebot
übereinstimmt! Richtet nicht über sie, sondern denkt, ihr seid
viel zu gering, sie zu beurteilen! Wisset, daß der Heiland keine
Weltstudenten brauchen kann, sondern Taglöhner, Knechte,
Lastträger, die aber ihn liebhaben, Leute, die schwitzen, frieren
und hungern und sich eine Lust daraus machen um seinetwil=
len. Es geht in den Feldzug, da kann man keine Leute ge=
brauchen, die die Kleider schonen. *Ihr seid keine Paraderosse,
sondern sollt Zugpferde werden!*"

Handfester, nüchterner Rat, kernige Seelsorge ist in
diesem Brief. Es geht Hofacker auch in der Seelsorge
darum, daß schlichte, demütige, natürliche Christen
werden und wachsen. Und nun sei dieses Büchlein über
Ludwig Hofacker damit beschlossen, daß noch einmal be=
zeugt wird, wie *natürlich* und ungekünstelt er selber ge=
wesen ist, dieser herrliche Zeuge Jesu Christi, der in Pre=
digt und Seelsorge solche Geistesmacht hatte. Hofacker
hat einmal einem Jungen zum Tag seiner Konfirmation
geschrieben:

„Das muß ich Dich bitten, daß Du bei der Sache *natürlich*
bleiben und nicht meinen sollst, Du müssest Dich selbst in
eine große und unmäßige Andacht hineinsteigern."

So hat er's selber auch gehalten. Er ist ein natürlicher
Gnadenmensch gewesen und geblieben. Der Seelsorger
Hofacker hat sich nicht in einseitiger Geistlichkeit bloß
um die Seele seiner Gemeindeglieder gekümmert. Er hat
sich zum Bauersmann vor die Scheune gestellt und
ihn gefragt, ob denn Dinkel und Hafer gut geraten seien.
Und im Weinbauerndorf *Rielingshausen* hat es ihn leb=
haft interessiert, wie es mit den Trauben stehe. Was war
ihm lieber, vertrauter, gemäßer, als daß er sich mit den
Leuten über den Heiland unterhielt? Aber er war allem
übertriebenen frommen Getue abhold. Er machte nicht

mit, wenn man das Geheimnis der Gnade geschwätzig zerredete.

Hofacker hatte einmal an die Gemeindeglieder die Einladung ergehen lassen, wer nach des Tages Arbeit nützliche Unterhaltung suche, dürfe zu ihm ins Pfarrhaus kommen. Da kamen eines Abends einige Leute. Hofacker fragt sie, was das Thema der Unterredung sein solle. Ein Frömmler schlägt salbungsvoll vor: „Die Gnade und die Wiedergeburt!" Da fährt ihm Hofacker in die Parade und sagt: „Nein, man schwatzt nicht immer von der Gnade und der Wiedergeburt. Heute will ich euch einmal aus der Zeitung von den Griechen und Türken etwas vorlesen." Das tut er, rückt dann allerdings die Händel der Welt und ihrer Politik ins biblische Licht. —

Damit nehmen wir Abschied von Ludwig Hofacker.

„Ganz war der Mann, da er begann,
ganz, als sein Lebenshauch zerrann!"

So hat Albert Knapp in einem Nachrufgedicht bezeugt. Daß Leser und Schreiber dieses Büchleins auch Christen wären mit dem Siegel: *Ganz!*

Lieferbare TELOS-Taschenbücher

Lieferbare TELOS-Taschenbücher